HZ BOOKS

華 章 圖 書

一本打开的书，一扇开启的门，
通向科学殿堂的阶梯，托起一流人才的基石。

U0348555

数据科学与工程技术丛书

MASTERING PYTHON
FOR FINANCE

Python金融
数据分析

[新加坡] 马伟明（James Ma Weiming） 著

张永冀 霍达 张彤 译

机械工业出版社
China Machine Press

图书在版编目（CIP）数据

Python 金融数据分析 /（新加坡）马伟明（James Ma Weiming）著；张永冀，霍达，张彤译 . —北京：机械工业出版社，2018.3（2019.8 重印）

（数据科学与工程技术丛书）

书名原文：Mastering Python for Finance

ISBN 978-7-111-58998-3

I. P⋯　Ⅱ. ① 马⋯　② 张⋯　③ 霍⋯　④ 张⋯　Ⅲ. 软件工具－程序设计－应用－金融－分析　Ⅳ. F830.41-39

中国版本图书馆 CIP 数据核字（2018）第 041836 号

本书版权登记号：图字　01-2015-7589

Python 金融数据分析

出版发行：机械工业出版社（北京市西城区百万庄大街 22 号　邮政编码：100037）

责任编辑：王春华　　　　　　　　　　　　　　责任校对：李秋荣

印　　刷：中国电影出版社印刷厂　　　　　　　版　　次：2019 年 8 月第 1 版第 2 次印刷

开　　本：185mm×260mm　1/16　　　　　　　印　　张：15

书　　号：ISBN 978-7-111-58998-3　　　　　　定　　价：69.00 元

前　　言

Python 已广泛应用于银行业、投资管理、保险业、房地产行业等金融领域，用于开发金融模型、管理风险和自动完成交易。许多大型金融机构依赖 Python 来搭建职位管理、资产定价、风险管理和交易系统等基础设施。

本书将介绍核心的金融理论，并给出它们的数学概念，以帮助读者更好地理解它们在实际中的应用价值。你将了解如何应用 Python 求解经典的资产定价模型，解决金融中的线性和非线性问题，开发数值程序和利率模型，以及如何根据有限差分法定价来描绘含有期权的隐含波动率曲线等。

随着高级计算技术的出现，我们必须要考虑如何存储和处理大量数据。而 Hadoop 是目前处理大数据的流行工具。因此本书将介绍 Hadoop 的工作原理及其与 Python 的集成，以获得金融数据的分析方法；以及如何利用 Python 实现 NoSQL 在存储非结构化数据中的应用。

目前许多公司开始向客户提供 API，以使用他们定制的交易软件进行交易。通过学习本书，你将了解如何连接到代理 API，检索市场数据，生成交易信号并向交易所发送指令，以及平均回报和趋势跟踪等交易策略的实施。另外，本书还将介绍风险管理、头寸跟踪和回溯测试技术，以帮助你管理交易策略的实施效果。

金融行业中，使用 Microsoft Excel 处理债券交易和后台业务是一种普遍现象。本书将介绍如何在 Python 中创建数字定价组件对象模型（COM）服务器，使你的电子表格能够即时计算和更新模型值。

本书的主要内容

第 1 章探讨了 Python 在金融领域的适用性，引入 IPython 作为可视化数据和执行科学计算的有效工具。

第 2 章介绍了使用 Python 求解线性方程组的方法，执行整数规划，以及将矩阵应用于投资组合分析的线性优化。

第 3 章讨论了使用 Python 构建金融非线性模型以及术根方法。

第 4 章探讨了如何使用三叉树模型、二叉树网格和有限差分法等进行期权估值。

第 5 章讨论了收益率曲线的引导过程，涵盖一些利用 Python 实现的衍生品利率的短期定价模型。

第 6 章讨论了波动率指数，对欧洲斯托克 50 指数波动率数据进行分析，并使用子指数的期权价格复制主要指数。

第 7 章介绍了 Hadoop 在大数据分析中的应用，如何使用 Python 执行 MapReduce操作，以及如何使用 NoSQL 存储数据。

第 8 章探讨了逐步开发均值回归算法交易和趋势跟踪算法交易策略，以及交易系统风险管理等。

第 9 章讨论如何设计并实现一个事件驱动的回溯测试系统，帮助你把握模拟交易策略的性能。

第 10 章介绍了如何在 Python 中构建一个组件对象模型服务器和客户端界面与 Excel 融通，以及如何在 Excel 中即时计算期权价格。

学习本书的软硬件支持

学习本书需要安装如下软件：

❑ 操作系统：

  ● 能使用 Python 2.7 或更高版本的操作系统

  ● 第 10 章需要 Windows XP 或更高版本的操作系统

  ● 第 7 章需要有至少 4GB RAM 的 64 位主机操作系统

❑ 本书将使用以下 Python 包的 Python、SciPy、pandas、IPython 和 Matplotlib 模块：

  ● Continuum Analytics 的 Anaconda 2.1 或更高版本：https://store.continuum.io/cshop/anaconda/

  ● Enthought 的 Canopy 1.5 或更高版本：https://store.enthought.com/downloads/

❑ 其他必需的 Python 模块：

- Statsmodels，见 http://statsmodels. sourceforge. net/

- PuLP（第 2 章），见 https://github. com/coin-or/pulp

- lxml（第 6 章），见 http://lxml. de/

- PyMongo 2. 7（第 7 章），见 https://pypi. python. org/pypi/pymongo/

- IbPy（第 8 章），见 https://github. com/blampe/IbPy

- oandapy（第 8 章），见 https://github. com/oanda/oandapy

- python-requests（第 8 章），见 https://pypi. python. org/pypi/requests/

- PyWin32（第 10 章），见 http://sourceforge. net/projects/pywin32/files/

❏ 可选 Python 模块：

- 使用 pip 6. 0 自动安装 Python 包，见 https://pypi. python. org/pypi/pip

❏ 需要的软件：

- Mozilla Firefox，见 https://www. mozilla. org/en-US/firefox/new/

- MongoDB 2. 6（第 7 章），见 http://www. mongodb. org/downloads

- VirtualBox 4. 3（第 7 章），见 https://www. virtualbox. org/wiki/Downloads

- Cloudera QuickStart VM with CDH（Cloudera Distribution Including Apache Hadoop）（第 7 章），见 http://www. cloudera. com/content/cloudera/en/down-loads/quickstart_vms. html

- Interactive Brokers（IB）Trader Workstation（TWS）（第 8 章），见 https://www. interactivebrokers. com/en/ index. php?f = 1537

- 使用 Oracle Java 7 运行 IB TWS 和 OANDA fxTrade 平台（第 8 章）

- Microsoft Office Excel 2010 或更高版本，并使用宏（第 10 章）

本书的读者对象

本书面向开发金融应用程序的学生和程序员，提供金融服务的顾问，金融分析师以及想要利用 Python 在数据可视化、交互式分析和科学计算方面的优势进行财务分析的人员。对此，你需要掌握一定的 Python 基础知识和金融概念，在学习每一章的技术内容之前，本书会为初学者介绍相关的背景资料。

目　　录

第 1 章

Python 在金融中的应用

本章将探讨 Python 作为金融编程语言的实用性。时至今日，Python 已经在银行业、投资管理和保险业等金融领域取得广泛应用，甚至帮助房地产行业开发金融建模、风险管理和交易的程序。为了更好地体验 Python 的强大功能，本书推荐使用 IPython Notebook，它能够更有效地实现数据可视化，将科学计算过程呈现给最终用户。

本章讨论以下主题：

- ❑ Python 相较于其他金融编程语言的优势
- ❑ Python 在金融应用中的功能
- ❑ Python 的编程和实现范式：面向对象设计（object-oriented design）和函数式设计（functional design）
- ❑ IPython 概述
- ❑ IPython 和 IPython Notebook 入门
- ❑ 创建与存储 Notebook 文档
- ❑ 导出多种格式 Notebook 文档
- ❑ Notebook 文档用户界面
- ❑ 在 Notebook 文档中插入 Markdown 语言
- ❑ 在 Notebook 文档中利用 Python 实现运算
- ❑ 在 Notebook 文档中创建函数图
- ❑ 在 Notebook 文档中显示数学方程式的多种方式
- ❑ 在 Notebook 文档中插入图像和视频文件
- ❑ 在 Notebook 文档中使用 HTML 和 pandas DataFrame

1.1　Python 适合我吗

当前，金融 IT 工程师能够通过多种计算机语言实现丰富的软件解决方案，如 C、Java、R 和 MATLAB。但每种语言是为实现特定任务开发的，各语言内部工作原理、行为、句法规则和性能差异都会影响用户的使用结果。

本书将重点介绍 Python 在金融计量和分析中的应用。作为原用于科学运算的计算机语言，Python 借助 AQR 资产管理开发的 Pandas 开源软件库，为金融数据管理和量化分析提供了高效平台。

大型金融机构也利用 Python 建立基础系统架构。比如美国银行"石英"项目通过 Python 实现头寸位管理、定价和风险管理功能；摩根大通利用 Python 的兼容性和灵活性，融合 C++ 和 Java，建立跨市场的风险管理和交易系统——"雅典娜"。

本书将介绍借助 Python 开发金融应用的基本内容，包括投资组合最优化、数值定价、交互式分析、利用 Hadoop 进行大数据投资决策等。

使用 Python 开发金融应用的优势体现在以下几个方面。

1.1.1　免费 + 开源

Python 许可证以及互联网在线 Python 社区、文档均可免费使用，任何人都能根据实际情况浏览并修改免费的开放源码。

Python 可安装于所有主流操作系统，如 Windows、UNIX、OS/2、Mac 等。它的开放性创造了前所未有的新机遇，任何人都有机会增强现有模块或创建新模块。高级使用者可实现跨语言平台编程。借助适合的库，Python 解释器可集成 C、C++、Fortran、Lisp、PHP、Lua 等不同编程语言。

1.1.2　高级、强大、灵活的编程语言

用户借助 Python 这种高级通用的编程语言，可以快速开发原型程序，避免内存管理等低层次机制构造问题。

Python 支持不同的编程和实现范式，如面向对象式、函数式和过程式编程。基于这种灵活性，它在运行包含多个可变参数的复杂数学模型时尤为实用。

1.1.3　丰富的标准库

NumPy、SciPy、matplotlib、statsmodels 和 pandas 是定量分析和数据管理经常使用的模块。

其他库可以拓展 Python 的功能，例如，gnuplot 软件包能够将 Python 变为数据可视化工具，以可视化数学函数和数据交互；基于 Tk 的 GUI 工具（如 Tkinter）可将 Python 脚本变为 GUI 程序。

IPython 是目前广泛使用的 Python 图形界面，最初用于处理 Python 数据，以其高效的交互式计算工具提供并行与分布式计算。IPython Notebook 是 IPython 的 Web 浏览器版本，可以共享代码、文本、数学表达式、图像和其他丰富的媒体资料。IPython 设计的初衷是让科学家使用 Python 和数据。

1.2　面向对象编程与函数式编程

如果你是一名金融程序员，你编写的程序可能用来处理价值成千上万美元的交易，必须保证零出错。金融模型和软件系统越来越复杂，优秀的软件设计尤为重要。出于易读性的考虑，编写 Python 代码可以选择面向对象式或函数式方法。

1.2.1　面向对象式方法

随着对程序清晰、快速和灵活性需求的增加，保持代码可读性、可管理性愈发重要。一种常见方法是面向对象式编程构建软件系统。如以下例子所示，将 Greeting 定义为一个类：

```
class Greeting(object):

    def __init__(self, my_greeting):
        self.my_greeting = my_greeting

    def say_hello(self, name):
        print "%s %s" % (self.my_greeting, name)
```

下载示例代码

凡在 http://www.packtpub.com 官网购买书籍的客户，可登录账号，自行下载书中配套代码文件。若在其他渠道购买本书，可访问 http://www.packtpub.com/support 并注册，我们将把代码文件直接发送到您邮箱。

定义一个叫 Greeting 的类，它的构造函数能接受输入参数。本例将问候语命名为 "Hello"，调用 say_hello 函数，输入属性 name 的值，输出如下问候语：

```
>>> greeting = Greeting("Hello")
>>> greeting.say_hello("World")
>>> greeting.say_hello("Dog")
>>> greeting.say_hello("Cat")
Hello World
Hello Dog
Hello Cat
```

1.2.2　函数式方法

我们也可以使用函数方法实现 Greeting 函数。函数式编程是一种计算机程序结构可视为数学函数的编程范式，能避免更改状态数据，提高可重用性和简洁性。

将函数对象赋给一个变量，这个函数对象和其他变量一样可以作为参数传递，也可以作为返回值返回。如下代码可以输出与上例相同的结果：

```
from functools import partial
def greeting(my_greeting, name):
    print "%s %s" % (my_greeting, name)
```

定义一个名为 greeting 的函数，该函数包含两个参数。利用 functools 模块的 partial 函数，将函数 greeting 作为一个输入变量，Hello 作为问候语赋给第二个变量。

```
>>> say_hello_to = partial(greeting, "Hello")
>>> say_hello_to("World")
>>> say_hello_to("Dog")
>>> say_hello_to("Cat")
```

将 say_hello_to 变量作为返回值，执行接受输入参数的函数，用变量输出问候语与三个不同名称。

1.2.3　我该使用哪种方法

对于编程范式选择，尚无明确答案。Python 既支持面向对象式也支持函数式方法，函数式方法处理海量内容时更简洁，相较于 greeting. say_hello()，say_hello_to 函数可读性更好。程序员可据实权衡哪种方式可读性更高、程序维护成本更低。

复杂软件系统将对象作为类，有助于团队成员之间的代码管理，工作范围和系统范围更容易通过面向对象式定义。涉及数学模型时，函数式编程方法更易实现代码中数学概念。

1.3 我该使用哪个版本的 Python

本书实例代码和第三方 Python 模块在 Python 2.7 及以上版本均可运行，部分模块尚未支持 Python 3，为实现最好的兼容性，建议你安装 Python 2.7，安装包可在 Python 官网 https://www.python.org 下载。

为了开发本书实例程序，建议你安装一个包含第三方 Python 模块（如 NumPy、SciPy、pandas）的安装程序，可在以下网站下载：

- ❏ Continuum Analytics 公司的 Anaconda：https://store.continuum.io/cshop/ana-conda
- ❏ Enthought 公司的 Canopy：https://store.enthought.com

1.4 IPython 简介

IPython 是用于并行与分布式计算的高性能图形界面。你可通过 IPython Note-book 共享代码、文本、数学表达式、图像和其他丰富的多媒体资料。

本节我们将学习 IPython Notebook 初步使用方法。

1.4.1 安装 IPython

你安装的 Python 可能已经包含 IPython，请参考 IPython 官网 http://ipython.org 选取合适的安装方法。

可在 https://github.com/ipython 下载 IPython 安装包，解压至一个文件夹，在终端切换至该文件夹顶层源目录，运行如下命令：

```
$ python setup.py install
```

1.4.2 使用 pip

作为 Python 软件包管理器，pip 可以轻松实现自动安装 Python 软件包。例如，在未下载所有源文件情况下安装 IPython，只要在终端运行以下命令：

```
$ pip install ipython
```

为了在终端运行 pip，必须安装一个 Python 模块，可访问 https://pypi.python.org/pypi/pip 获得下载和安装 pip 的更多信息。

1.4.3 IPython Notebook

IPython Notebook 是 IPython 基于 Web 交互式计算界面的 Web 浏览器版本，可用于开发、记录和执行代码。本节介绍 IPython Notebook 可用于开发金融应用的常用功能。

下面是 IPython Notebook 在 Windows 操作系统界面截图：

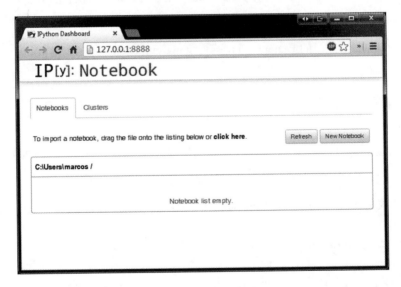

IPython Notebook 可在浏览器完成代码编辑和执行，显示多种媒体信息，包括图像、视频和 HTML 组件；可通过 Markdown 语言提供富文本和注释代码；利用 MathJax 渲染的 LaTeX 插入数学符号；引入 Python 模块插入由 matplotlib 渲染的高质量图片。

1. Notebook 文档

Notebook 文档以 ".ipynb" 文件格式保存。每个文件都包含关于交互式会话全部相关信息，以 JSON 纯文本格式存储，借此实现软件版本控制和代码分享。

Notebook 可以导出一系列静态格式，包括 HTML、LaTeX、PDF 和幻灯片；也可作为静态网页通过 URL 提供给使用 nbviewer（IPython Notebook 阅读器）的受众浏览而无须安装 Python，并通过 nbconvert 转换。

2. 运行 IPython Notebook

输入以下命令启动 IPython Notebook 服务器：

```
$ ipython notebook
```

默认情况下，该服务将自动打开你的默认 Web 浏览器，导航到登录页。手动访问请在浏览器输入 URL 地址 http://localhost:8888。

默认情况下，Notebook 在 8888 端口运行。要推断 Notebook 正确运行位置，需要检查终端日志输出。

Notebook 的 Web 应用程序登录页面是**仪表板**（dashboard），显示目前笔记本目录所有可用文件。默认情况下，这个目录即 Notebook 服务器启动目录。

3. 创建新的 notebook 文件

点击仪表板上的 **New Notebook** 创建新的 notebook 文件，也可以点击 **File**，选择 **New** 创建：

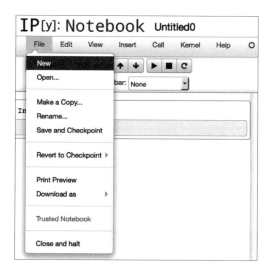

现在你可以看见笔记本名称、菜单栏、工具栏和空代码单元。

菜单栏提供不同选项选择笔记本功能。

工具栏以图标形式提供常用操作的快捷方式。

1.4.4　Notebook 单元格

Notebook 每一个逻辑部分称作一个**单元格**（cell）。单元格是接受纯文本的多行文本输入字段，每个单一的 notebook 文档至少包含一个单元格。

执行单元格内容时，点击菜单栏 Cell→Run，或点击工具栏 Play，或使用键盘快捷键〈Shift + Enter〉。

每个单元格都有不同类型，具体包括：Code（代码）、Markdown、Raw NB-Convert（原始文本）和 heading（标题）单元格。

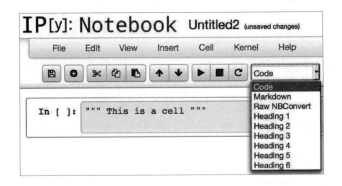

1. 代码单元格

默认情况下，每个单元格都是代码单元格，点击 Run 即可运行 Python 代码。灰色背景圆角矩形单元格可接受文本输入。所执行框的输出结果显示在文本输入下方的空白处。

2. Markdown 单元格

Markdown 单元格可通过 Markdown 语言将纯文本轻松转化为富文本（rich text），也接受任意 HTML 代码格式。

标准 LaTeX 和 AMS-LaTeX（amsmath 包）可显示数学符号，用 $ 环绕 LaTeX 方程显示内联数学计算，用 $ 在单独的块中显示方程。执行单元格时，MathJax 可以渲染由 LaTeX 排版描述的数学方程。

3. 原始文本单元格

原始文本单元格能够直接输出无格式文本。

4. 标题单元格

每个单元格都可被定义为从一级（顶级）到六级（段），可用于构建文档概念结构或目录。

1.4.5　IPython Notebook 简单的练习

接下来创建一个新的 notebook，插入不同类型对象演示不同任务。

1. 建立包含标题和 Markdown 单元格的 notebook

创建一个新的 notebook 文件，执行以下步骤：

1）点击仪表板 New Notebook 创建一个新的 notebook 文件。如果已打开一个 notebook 文件，则点击 File→New。

2）在第一个单元格输入该 notebook 标题，在本例中输入 Welcome to Hello World。

3）点击工具栏选项 Cells→Cell Type，选择 Heading 1 将刚刚输入的文本格式化为页面标题，该项改变不会立即发生。

4）点击工具栏选项 Insert→Insert Cell Below，在当前单元格下创建另一个输入单元格。

5）输入下面这段包含 Markdown 代码的文本：

```
Text Examples
===

This is an example of an *italic* text.

This is an example of a **bold*** text.

This is an example of a list item:
- Item #1
- Item #2
- Item #3

---

#heading 1
##heading 2
###heading 3
####heading 4
#####heading 5
######heading 6
```

6）点击工具栏 Markdown 选项。

7）点击 Cell→Run All 运行代码，该命令将运行所有 Python 指令并按要求将单元格格式化。

> 当前单元格成功运行后，Notebook 将切换至下一个单元格并等待你继续输入。如果没有可用单元格，notebook 将自动生成一个新的单元格。

输出结果如下图所示：

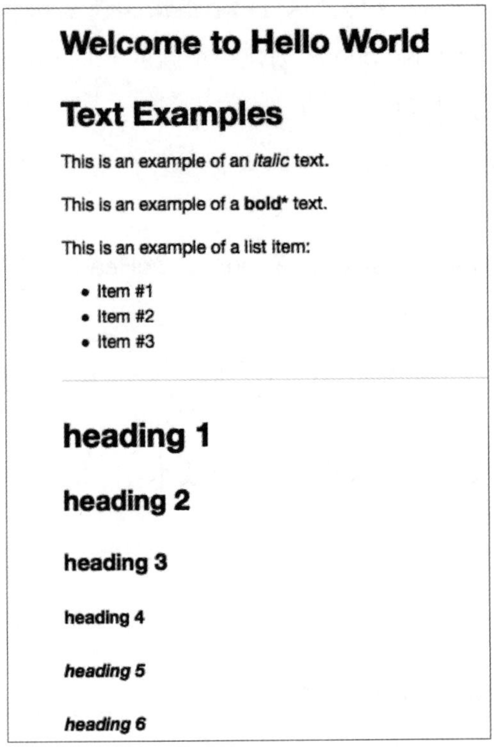

Welcome to Hello World

Text Examples

This is an example of an *italic* text.

This is an example of a **bold*** text.

This is an example of a list item:

- Item #1
- Item #2
- Item #3

---

heading 1

heading 2

heading 3

heading 4

heading 5

heading 6

2. 保存 notebook

在 File 中选择 Save 和 Checkpoint，该 notebook 将保存为 . ipynb 文件。

3. 单元格中的数学运算

在代码单元格输入数字 3 + 5，将计算结果赋值给 answer 变量：

```
answer = 3 + 5
```

点击菜单栏 Insert→Insert Cell Below 选项添加一个新的代码单元格，在新单元格输入如下代码，输出计算结果：

```
print answer
```

点击 Cell→Run All，答案将显示在当前单元格下方。

```
In [23]:  answer = 3+5

In [24]:  print answer
          8
```

4. 显示图形

matplotlib 模块在 Python 中提供了一个类似于 MATLAB 的绘图框架。通过 matplotlib. pyplot 函数，图表可被绘制和渲染为可在 Web 浏览器中显示的图像。

下面在 IPython Notebook 展示简单绘图功能，为了使代码正常运行，IPython Notebook 需要安装 NumPy、math 和 matplotlib 包。在新单元格粘贴以下代码：

```
import numpy as np
import math
import matplotlib.pyplot as plt

x = np.linspace(0, 2*math.pi)
plt.plot(x, np.sin(x), label=r'$\sin(x)$')
plt.plot(x, np.cos(x), 'ro', label=r'$\cos(x)$')
plt.title(r'Two plots in a graph')
plt.legend()
```

该代码前三行包含所需的导入语句，下一个语句表示变量 x 代表 x 轴上从 0 到 7 的实数，下一句画出 x 的正弦函数，接下来以虚线画出 x 的余弦函数。代码最后两行分别输出标题和图例。

运行此单元格，输出结果如下：

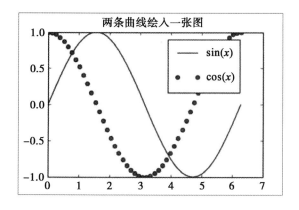

5. 插入方程

TeX 是数学标记命令的行业标准文档标记语言（industry standard document markup language）。LaTeX 是 TeX 的变体，可将文档结构与内容分离。

IPython Notebook 可通过 MathJax，在需渲染内容两端添加 $ $ 符号渲染 LaTeX，将数学方程显示于 Markdown 解析器。

本例将展示标准正态累积分布函数：

```
$$N(x) = \frac{1}{\sqrt{2\pi}}\int_{-\infty}^{x} e^{-
\frac{z^2}{2}}\, dz$$
```

点击工具栏 Markdown 选项并运行，将当前单元格转换至其方程结果：

$$N(x) = \frac{1}{\sqrt{2\pi}}\int_{-\infty}^{x} e^{-\frac{z^2}{2}}\mathrm{d}z$$

除使用 MathJax 渲染，利用 IPython 显示模块的数学函数也可输出相同方程式，如下所示：

```
from IPython.display import Math
Math(r'N(x) = \frac{1}{\sqrt{2\pi}}\int_{-\infty}^{x} e^{-
\frac{z^2}{2}}\, dz')
```

上述代码将显示相同方程，如下截图所示：

注意，此单元格是作为一个正常代码单元运行，输出方程会立即显示在该代码单元下面。

同样，也可以显示内联文本的方程。例如以下代码，用 $ 引导一个 LaTeX 表达式：

```
This expression $\sqrt{3x-1}+(1+x)^2$ is an example of a TeX
inline equation
```

以 Markdown 运行该单元格，将当前单元格转换为：

This expression $\sqrt{3x-1} + (1+x)^2$ is an example of a TeX inline equation.

6. 显示图像

若显示诸如 JPEG 和 PNG 等格式的图像，需使用 IPython 中 display 模块的 Image 类。运行如下代码显示示例图像：

```
from IPython.display import Image
Image(url='http://python.org/images/python-logo.gif')
```

运行单元格会显示以下结果：

7. 插入 YouTube 视频

IPython 包中 lib. display 模块含有 YouTubeVideo 函数，可将 YouTube 上的外部视频嵌入 Notebook。例如，运行如下代码：

```
from IPython.lib.display import YouTubeVideo

# An introduction to Python by Google.
YouTubeVideo('tKTZoB2Vjuk')
```

视频将显示在代码下方，如以下截图所示：

8. 使用 HTML

Notebook 可以显示 HTML，HTML 常用于展示数据表。如下代码输出了一个带有标题行的两列三行的表：

```
from IPython.display import HTML
table = """<table>
<tr>
<th>Header 1</th>
<th>Header 2</th>
</tr>
<tr>
<td>row 1, cell 1</td>
<td>row 1, cell 2</td>
</tr>
<tr>
<td>row 2, cell 1</td>
<td>row 2, cell 2</td>
</tr>
</table>"""
HTML(table)
```

HTML 的功能将使 HTML 标签作为它的输入字符串参数。最终输出如下：

Out[38]:	Header 1	Header 2
	row 1, cell 1	row 1, cell 2
	row 2, cell 1	row 2, cell 2

9. 作为 HTML 表的 pandas 模块中 DataFrame 对象

在 notebook 中，pandas 模块允许将 DataFrame 对象作为 HTML 表显示。

本例使用 panas. io. data. web. DataReader 函数把从雅虎财经检索的股票市场数据存储于 pandas DataFrame 对象。用苹果公司（AAPL）股票作为第一个参数，雅虎（yahoo）作为第二个参数，市场数据的开始和结束日期作为第三个和第四个参数。

```
import pandas.io.data as web
import datetime
start = datetime.datetime(2014, 1, 1)
end = datetime.datetime(2014, 12, 31)
df = web.DataReader("AAPL", 'yahoo', start, end)
df.head()
```

通过 df. head( )命令，DataFrame 对象包含的市场数据前五行在 notebook 中以 HTML 表的形式显示：

1. 4. 6　Notebook 与金融

目前，IPython Notebook 已成为许多行业从业人员在数据可视化领域的首选金融模型开发编辑软件，不仅可以将代码按时间顺序排列，还能以图像和表格等形式展示关键财务信息。

若想继续探索 IPython Notebook 的丰富功能，可访问 https://github. com/ipython/ipython/wiki/A-gallery-of-interesting-IPython-Notebooks 学习相关科学计算项目。

```
In [78]:  import pandas.io.data as web
          import datetime

In [79]:  start = datetime.datetime(2014, 1, 1)
          end = datetime.datetime(2014, 12, 31)

In [80]:  df = web.DataReader("AAPL", 'yahoo', start, end)
          df.head()
```

Out[80]:

Date	Open	High	Low	Close	Volume	Adj Close
2014-01-02	555.68	557.03	552.02	553.13	58671200	77.39
2014-01-03	552.86	553.70	540.43	540.98	98116900	75.69
2014-01-06	537.45	546.80	533.60	543.93	103152700	76.10
2014-01-07	544.32	545.96	537.92	540.04	79302300	75.56
2014-01-08	538.81	545.56	538.69	543.46	64632400	76.04

5 rows × 6 columns

1.5　总结

本章讨论了 Python 在某些金融领域的适用性，软件应用方面的优势，函数式和面向对象式编程，以及如何实现应用程序简洁化。至于编程范式选择，尚没有统一答案。

我们还探讨了 Python 的交互式计算图形界面——IPython，展示了其在科学计算和多媒体显示方面的实用性。通过在 IPython Notebook 进行简单的练习，掌握了如何创建新的 Notebook 文档，插入包含 Markdown 语言的文本，进行简单计算，绘制函数图，显示数学方程，插入图像与视频，渲染 HTML，利用 pandas 将市场数据呈现为 HTML 表。这些练习有助于数据可视化并将多媒体信息提供给使用者。

Python 与 Julia、R、MATLAB 和 Java 等强大的编程语言一样可用于计量金融学，它可以更有效地传递你的核心思想，一旦掌握这些核心概念，就可用于开发金融程序的任何语言。

下一章，我们将探讨金融线性模型和投资组合管理使用的技术。

第 2 章
金融中的线性问题

当今，非线性动力学在世界上有至关重要的作用。然而，线性模型凭借其简洁性和易建模的优势，在金融领域广泛用于证券定价、投资组合最优资产配置等工作，得到全局最优解。

为实现有效预测，回归分析广泛应用于统计领域以估计变量之间的关系。Python 含有丰富的数学工具包，能作为科学脚本语言解决此类问题。例如，SciPy 和 NumPy 包包含可供数据专家使用的各种线性回归函数。

传统投资组合管理中，资产配置通常遵循线性模型，而每个投资者都有其独特的投资风格。我们可以将投资组合配置问题转换为包含等式和不等式的线性方程组，该线性方程组可用 $Ax = B$ 的矩阵形式表示。其中，A 为已知系数值，B 为观测值，x 为未知向量。通常，x 代表最优资产配比，我们可以利用线性代数中的直接或间接方法快速求解。

本章讨论以下主题：

❑ 资本资产定价模型、有效边界和资本市场线

❑ 利用回归方程求解证券市场线

❑ 套利定价模型与多元线性回归

❑ 投资组合分配中的线性优化

❑ 利用 PuLP 进行线性优化

❑ 线性规划的结果

❑ 整数规划

❑ 二元条件下的线性整数规划

❑ 利用矩阵求解线性方程组

❑ 利用 LU 分解、Cholesky 分解和 QR 分解直接求解线性方程组

❑ 利用 Jacobi 迭代和 Gauss-Seidel 迭代间接求解线性方程组

2.1 资本资产定价模型与证券市场线

许多金融文献将**资本资产定价模型**（capital asset pricing model，CAPM）作为研究对象，本节我们将探讨该模型的关键概念。

根据资本资产定价模型，一种证券资产风险与回报率的关系如下：

$$R_i = R_f + \beta_i (R_{mkt} - R_f)$$

对于证券 i，设其回报率为 R_i，β 系数为 β_i，则回报率 R_i 等于无风险回报率 R_f 与 β 系数乘市场风险溢价的和。市场风险溢价是市场投资组合剔除无风险回报率的超额收益。下图可以更直观地展示资本资产定价模型：

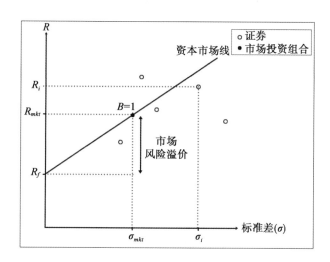

β 代表一只股票无法分散的系统风险，描述了股票回报率对于市场变动敏感程度。例如，一只 β 为零的股票，无论市场向哪个方向波动，都不会产生超额收益，它只能以无风险回报率增长。若 β 为 1，则该股票涨跌与市场完全一致。

β 系数是由股票收益率与市场收益率的协方差除以市场收益率的方差计算得到的。

资本资产定价模型可以衡量投资组合中每只股票收益与风险的关系。将这些关系加总，我们就可以得到具有最低投资风险的证券投资组合权重。期望得到特定收益率的投资者，可以通过资本资产定价模型得到风险最低的最优化投资组合。最优投资组合的集合称为**有效边界**（efficient frontier）。

　　有效边界上存在一个切点，该点表示可获得最高回报率或最低风险的最优投资组合，称为**市场投资组合**（market portfolio）。市场投资组合与无风险利率点的连线称为**资本市场线**（capital market line，CML）。换言之，资本市场线可认为是所有最优投资组合的夏普比率最高的那个。**夏普比率**（Sharpe ratio）是风险调整后的收益率，通过投资组合的超额收益除以其标准差计算。通常投资者都乐意持有位于资本市场线上的资产组合，让我们看下图：

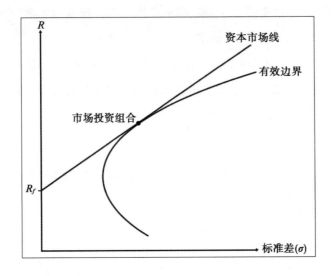

　　资本资产定价模型另一个研究焦点是**证券市场线**（security market line，SML）。证券市场线表示资产对于 β 系数的期望收益。一项 β 值为 1 的证券，其回报率与市场回报率完全相等。风险相同时，投资者总是期望更高的收益，证券定价高于证券市场线时出现证券价值低估；相反即高估。

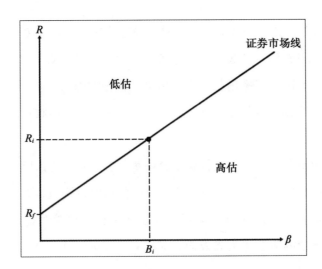

假设计算一种证券的 β 系数 β_i，由公式 $r_i = \alpha + \beta r_M$ 可知，需要将单只股票资产的收益率 r_i 对同期市场收益率 r_M 和截距 α 进行回归分析。

下图是 5 个周期内的股票收益率和市场收益率：

时间周期	股票收益率	市场收益率
1	0.065	0.055
2	0.0265	− 0.09
3	− 0.0593	− 0.041
4	− 0.001	0.045
5	0.0346	0.022

利用 SciPy 库 stats 模块，对资本资产定价模型进行最小二乘回归分析，求出 β_i 和 α 的值：

```
""" Linear regression with SciPy """
from scipy import stats

stock_returns = [0.065, 0.0265, -0.0593, -0.001, 0.0346]
mkt_returns = [0.055, -0.09, -0.041, 0.045, 0.022]

beta, alpha, r_value, p_value, std_err = \
        stats.linregress(stock_returns, mkt_returns)
```

scipy. stats. linregress 函数可以输出回归线的斜率、截距、相关系数、假设检验的 P 值和估算值的标准误差。我们感兴趣的是回归线的斜率和截距：

```
>>> print beta, alpha
0.507743187877   -0.00848190035246
```

该股票 β 值为 0.507 7。

证券市场线表达式为：

$$E(R_i) = R_f + \beta_i [E(R_M) - R_f]$$

$E(R_M) - R_f$ 代表市场风险溢价，$E(R_M)$ 是市场投资组合的期望收益，R_f 为无风险回报率，$E(R_i)$ 为资产 i 的期望收益，β_i 是资产的 β 系数。

假设无风险利率为 5%，市场风险溢价为 8.5%，该股票的期望收益率是多少？基于资本资产定价模型，β 值为 0.507 7 时风险溢价为 0.507 7 × 8.5%，即 4.3%，无风险利率为 5%，所以股票的期望收益率为 9.3%。

当该证券同期实际回报率高于期望回报率，投资者在风险不变情况下获得更高的收益，即此证券价值被低估。

相反，当该证券同期实际回报率低于由证券市场线得出的期望回报率，即投资者在风险不变情况下获得更少的收益，即此证券价值被高估。

2.2　套利定价模型

资本资产定价模型有许多局限性，如均值—方差理论框架的应用以及回报率仅受市场风险一项风险因素的影响。一个多元化投资组合，基本可以消除股票的非系统性风险。

套利定价理论（Arbitrage Pricing Theory，APT）模型的提出弥补了上述不足，并提供一种不同于均值—方差理论的资产定价方法。

该模型假定证券报酬率是基于包括多个系统性风险因素的线性组合模型得到的，这些因素可能是通货膨胀率、GDP 增长率、实际利率或股息。

套利定价模型的资产定价方程如下所示：

$$E(R_i) = \alpha_i + \beta_{i,1}F_1 + \beta_{i,2}F_2 + \cdots + \beta_{i,j}F_j$$

这里 $E(R_i)$ 为证券 i 的期望回报率，α_i 为其他因素都忽略不计时的期望回报率，$\beta_{i,j}$ 代表证券 i 对因素 j 的敏感性，F_j 为影响证券 i 期望回报率的因素 j 的值。

要得到资产价格，必须计算出所有 α_i 和 β 的值，因此我们将在套利定价模型上进行**多元线性回归**（multivariate linear regression）。

2.3　因子模型的多元线性回归

许多 Python 包（如 SciPy）都含有回归函数及多种变体函数，statsmodels 包可以提供统计模型的描述性统计与估计。你可在 statsmodels 官网 http://statsmodels.sourceforge.net/ 获得更多相关信息。

本例使用 statsmodels 模块的 ols 函数进行最小二乘回归分析。

假设我们已经构建一个含有 7 个因子的 APT 模型，该模型可以返回 Y 的值，下列数据集从 $t1$ 至 $t9$ 的 9 个周期内获得。X1 至 X7 为每个周期内观察到的独立变量，因此该回归问题可表示为：$Y = X_{l,1}F_1 + X_{l,2}F_2 + \cdots + X_{l,7}F_7 + c$。

输入如下代码，对 X 值和 Y 值进行最小二乘回归：

```
""" Least squares regression with statsmodels """
import numpy as np
import statsmodels.api as sm

# Generate some sample data
num_periods = 9
all_values = np.array([np.random.random(8)
                        for i in range(num_periods)])

# Filter the data
y_values = all_values[:, 0]   # First column values as Y
x_values = all_values[:, 1:]  # All other values as X

x_values = sm.add_constant(x_values)   # Include the intercept
results = sm.OLS(y_values, x_values).fit()  # Regress and
fit the model
```

回归结果如下所示：

```
>>> print results.summary()
```

OLS 回归结果是一个很长的统计信息表，我们最关注的是套利定价模型系数：

	coef	std err	t
const	0.5224	0.825	0.633
x1	0.0683	0.246	0.277
x2	0.1455	1.010	0.144
x3	-0.2451	0.330	-0.744
x4	0.5907	0.830	0.712
x5	-0.3252	0.256	-1.271
x6	-0.2375	0.788	-0.301
x7	-0.1880	0.703	-0.267

同样，我们可以使用 params 函数计算所求系数：

```
>>> print results.params
[ 0.52243605  0.06827488  0.14550665 -0.24508947  0.5907154
 -0.32515442  -0.23751989  -0.18795065]
```

两个函数求得的系数值相同。

2.4　线性最优化

我们假设套利定价模型和资本资产定价模型都是线性的，利用 Python 的回归分析求得资产期望价值。

随着投资组合资产数量增加，限制条件也会增加，投资经理会在此限制下达到投资者的目标。

线性最优化通过求解目标函数最小值或最大值解决投资组合分配问题。这些投资目标通常有一定限制条件，例如不许卖空、限制投资证券数量等。

但 Python 没有支持此方案的单一官方软件包，我们可以借助开源线性规划库——PuLP 实现线性规划的单纯形法。

2.4.1 安装 PuLP

你可访问 https://github.com/coin-or/pulp 安装 PuLP，其中一个综合文档列表有最优化问题的相关介绍。

2.4.2 一个简单的线性优化问题

假设我们考虑投资两种证券 X 和 Y。若投资 X 证券的数量为 x，投资 Y 证券的数量为 y，试求 $3x+2y$ 的最大值。限制条件如下：

❑ 投资 2 倍的 X 证券数量与投资 Y 证券数量之和不超过 100；

❑ 投资 X 证券数量与投资 Y 证券数量之和不超过 80；

❑ 投资 X 证券的数量不超过 40；

❑ 不许卖空（short selling）。

该最大化问题的数学表示如下：

求 $f(x, y) = 3x + 2y$ 的最大值

限制条件：

$$2x + y \leqslant 100$$
$$x + y \leqslant 80$$
$$x \leqslant 40$$
$$x \geqslant 0, y \geqslant 0$$

绘制函数图，阴影区域代表该问题可行域。

该问题可在 Python 的 PuLP 包中通过如下代码表示：

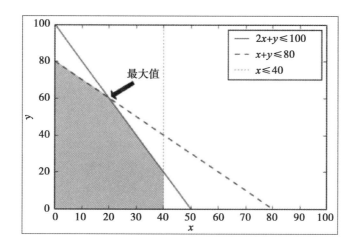

```
""" A simple linear optimization problem with 2 variables """
import pulp

x = pulp.LpVariable("x", lowBound=0)
y = pulp.LpVariable("y", lowBound=0)

problem = pulp.LpProblem("A simple maximization objective",
                          pulp.LpMaximize)
problem += 3*x + 2*y, "The objective function"
problem += 2*x + y <= 100, "1st constraint"
problem += x + y <= 80, "2nd constraint"
problem += x <= 40, "3rd constraint"
problem.solve()
```

LpVariable 函数定义了一个变量，通过文本描述问题和最优化类型以完成初始化。本例使用最大化的最优化方法。代码中" + ="允许加入任意数量的限制条件及其描述文本。调用 solve 函数执行线性优化，输出每个变量的最优解。

运行代码输出如下结果：

```
>>> print "Maximization Results:"
>>> for variable in problem.variables():
...     print variable.name, "=", variable.varValue
Maximization Results:
x = 20.0
y = 60.0
```

满足限制条件下，当 x 等于 20，y 等于 60 时，$3x + 2y$ 的值最大（180）。

2.4.3 线性规划的结果

线性优化通常有如下三个结果：

1）线性规划问题的局部最优解是最接近目标函数的最优解。虽然不是**全局最优解**（global optimal solution），但优于其他所有可行解。

2）若找不到最优解，则线性规划**无可行解**（infeasible）。

3）若最优解无界或有无限个，则线性规划**无有界解**（unbounded）。

2.4.4 整数规划

前述简单线性规划问题，变量可以是连续值或分数。但在无法使用分数时该如何处理？这类变量被限制为整数的问题称作**整数线性规划**（linear integer programming）问题。整数规划的一种特殊情况是二进制的 0 或 1 变量。二进制变量对处理多项选择的决策模型非常有帮助。

整数规划模型经常用于实际问题建模。采用线性或二元方法解决非线性问题时，往往需要"艺术处理"而非"科学方法"。

1. 二进制条件下整数规划模型举例

假设我们可从三位经纪人手中购买 150 份特定外国证券的场外合同。经纪人 X 的报价为每份合同 500 美元，外加 4000 美元手续费。经纪人 Y 的报价为每份合同 450 美元，外加 2000 美元手续费。经纪人 Z 的报价为每份合同 450 美元，外加 6000 美元额外费用。另外经纪人 X 最多出售 100 份合同，经纪人 Y 最多出售 90 份合同，经纪人 Z 最多出售 70 份合同，且每个经纪人都是 30 份合同起售。请计算购买这 150 份所需最低成本为多少？

利用 pulp 包设置下列变量：

```
""" An example of implementing an integer programming model with
binary conditions """
import pulp

dealers = ["X", "Y", "Z"]
variable_costs = {"X": 500,
                  "Y": 350,
                  "Z": 450}
fixed_costs = {"X": 4000,
               "Y": 2000,
               "Z": 6000}
```

```
# Define PuLP variables to solve
quantities = pulp.LpVariable.dicts("quantity",
                                   dealers,
                                   lowBound=0,
                                   cat=pulp.LpInteger)
is_orders = pulp.LpVariable.dicts("orders",
                                  dealers,
                                  cat=pulp.LpBinary)
```

dealers 变量包含字典的标识符，字典的标识符稍后用于进行列表与字典的引用。variable_costs 和 fixed_costs 变量为字典类型，包含各自经纪人所需的合约花费。PuLP 求解器可求解在 LpVariable 函数定义的 quantities 和 is_orders 变量的值。dicts 函数使 PuLP 将赋值变量作为字典对象，将 dealers 变量作为字典对象的引用。注意 quantities 变量的下界为 0，表示不允许卖空。is_orders 值为二进制对象，表示我们是否与某个经纪人交易。

这个整数规划问题的模型可由以下方程式直观地表述：

$$Minimize \sum_{i=x}^{i=z} Is\ Order_i [\ variable\ cost_i \times quantity_i + fixed\ cost_i\ ]$$

其中

$$IsOrder_i = \begin{cases} 1, \text{若购买合同 } i \\ 0, \text{若不购买合同 } i \end{cases}$$

$$30 \leqslant quantity_x \leqslant 100$$

$$30 \leqslant quantity_y \leqslant 90$$

$$30 \leqslant quantity_z \leqslant 70$$

$$\sum_{i=x}^{i=z} quantity_i = 150$$

其中，variable cost$_i$ 为每份合同的变动成本，quantity$_i$ 为合同的数量，fixed cost$_i$ 为固定成本。如果购买合同 i，IsOrder$_i$ = 1；如果不购买合同 i，IsOrder$_i$ = 0。

上述方程用二进制变量 IsOrder$_i$ 表示最小化总成本，从而决定与哪个经销商合作。

```
"""
This is an example of implementing an integer programming model with
binary
variables
the wrong way.
"""
# Initialize the model with constraints
```

```
model = pulp.LpProblem("A cost minimization problem",
pulp.LpMinimize)
model += sum([(variable_costs[i] * quantities[i] +
             fixed_costs[i])*is_orders[i] for i in dealers]), \
        "Minimize portfolio cost"
model += sum([quantities[i] for i in dealers]) == 150, \
        "Total contracts required"
model += 30 <= quantities["X"] <= 100, "Boundary of total volume
of X"
model += 30 <= quantities["Y"] <= 90, "Boundary of total volume of
Y"
model += 30 <= quantities["Z"] <= 70, "Boundary of total volume of
Z"

model.solve()
```

运行求解器会发生什么?

```
TypeError: Non-constant expressions cannot be multiplied
```

结果,当我们对 quantities 和 is_order 两个变量进行乘法计算时,会执行非线性规划。这就是执行整数规划时遇到的陷阱。

2. 二进制条件下的其他方法

制定最小化规划的另一种方法是将所有未知变量以线性方式递增:

$$Minimize \sum_{i=x}^{i=z} variable\ cost_i \times quantity_i + fixed\ cost_i \times IsOrder_i$$

与前述方程相比,我们得到的固定费用相同,但变量 $quantity_i$ 位于等式第一项,所以它将作为 $IsOrder_i$ 的函数求解。本例限制条件如下:

$$IsOrder_i \times 30 \geqslant quantity_x \leqslant IsOrder_i \times 100$$

$$IsOrder_i \times 30 \leqslant quantity_y \leqslant IsOrder_i \times 90$$

$$IsOrder_i \times 30 \leqslant quantity_z \leqslant IsOrder_i \times 70$$

用 Python 运行此模型:

```
"""
This is an example of implementing an IP model
with binary variables the correct way.
"""
# Initialize the model with constraints
model = pulp.LpProblem("A cost minimization problem",
                       pulp.LpMinimize)
model += sum([variable_costs[i]*quantities[i] +
             fixed_costs[i]*is_orders[i] for i in dealers]), \
        "Minimize portfolio cost"
model += sum([quantities[i] for i in dealers]) == 150, \
```

```
        "Total contracts required"
model += is_orders["X"]*30 <= quantities["X"] <= \
        is_orders["X"]*100, "Boundary of total volume of X"
model += is_orders["Y"]*30 <= quantities["Y"] <= \
        is_orders["Y"]*90, "Boundary of total volume of Y"
model += is_orders["Z"]*30 <= quantities["Z"] <= \
        is_orders["Z"]*70, "Boundary of total volume of Z"
model.solve()
```

运行求解器会发生什么？

```
>>> print "Minimization Results:"
>>> for variable in model.variables():
...     print variable, "=", variable.varValue
>>>
>>> print "Total cost: %s" % pulp.value(model.objective)
Minimization Results:
orders_X = 0.0
orders_Y = 1.0
orders_Z = 1.0
quantity_X = 0.0
quantity_Y = 90.0
quantity_Z = 60.0
Total cost: 66500.0
```

结果显示，满足所有限制条件时，我们从经纪人 Y 处购买 90 份合同并从经纪人 Z 处购买 60 份合同，花费的成本最低为 66 500 美元。

综上所述，整数规划模型在决策中发挥作用需要精心的模型设计，以获得准确结果。

2.5　使用矩阵解线性方程组

上一节，我们学习了不等式约束条件下线性方程组求解。如果一个系统线性方程组约束条件是确定的，可以将其视为矩阵问题，应用矩阵代数求解。矩阵法应用现有的矩阵库函数，将多元线性方程以简洁的方式表示。

假设我们要建立一个包含三种证券的投资组合，分别为证券 a、证券 b 和证券 c。该投资组合有如下限制：投资 1 倍的证券 a 的数量等于 6 个单位多头头寸；投资 2 倍的证券 a 的数量、1 倍证券 b 的数量与 1 倍证券 c 的数量之和等于 4 个单位多头头寸；投资 1 倍证券 a 的数量、3 倍的证券 b 的数量与 2 倍的证券 c 的数量之和等于 5 个单位多头头寸。

我们将本题用如下数学表达式描述：

$$2a + b + c = 4$$

$$a + 3b + 2c = 5$$

$$a = 6$$

为写出所有系数，将上述表达式改写为：

$$2a + 1b + 1c = 4$$

$$1a + 3b + 2c = 5$$

$$1a + 0b + 0c = 6$$

将方程式系数以矩阵形式表示：

$$A = \begin{bmatrix} 2 & 1 & 1 \\ 1 & 3 & 2 \\ 1 & 0 & 0 \end{bmatrix}, \; x = \begin{bmatrix} a \\ b \\ c \end{bmatrix}, \; B = \begin{bmatrix} 4 \\ 5 \\ 6 \end{bmatrix}$$

我们可以将线性方程表示为：

$$Ax = B$$

向量 x 包含每种证券的投资数量，为求出 x，我们写出矩阵 A 的逆矩阵：

$$x = A^{-1}B$$

使用 NumPy 数组进行运算：

```
""" Linear algebra with NumPy matrices """
import numpy as np

A = np.array([[2, 1, 1],
              [1, 3, 2],
              [1, 0, 0]])
B = np.array([4, 5, 6])
```

利用 NumPy 中 linalg. solve 函数求解线性标量方程组：

```
>>> print np.linalg.solve(A, B )
[  6.  15. -23.]
```

结果显示，该投资组合需要 6 倍证券 a 的多头头寸，15 倍证券 b 的多头头寸和 23 倍证券 c 的空头头寸。

在投资组合管理中，我们可以利用矩阵方程组求解约束条件下有价证券的最优权重分配问题。随着投资组合证券数量增加，逆矩阵的计算愈发复杂。我们可

以使用 Cholesky 分解、LU 分解、QR 分解、Jacobi 迭代和 Gauss-Seidel 迭代等算法
将矩阵 A 分解为更简单的矩阵进行分析。

2.6　LU 分解

LU 分解，也称为**上下分解**（lower upper factorization），是一种线性方程组的求
解方法。LU 分解将矩阵 A 分解为两个矩阵的乘积：一个下三角矩阵 L 和一个上三
角矩阵 U。分解过程如下所示：

$$A = LU$$

$$\begin{bmatrix} a & b & c \\ d & e & f \\ g & h & i \end{bmatrix} = \begin{bmatrix} l_{11} & 0 & 0 \\ l_{21} & l_{22} & 0 \\ l_{31} & l_{32} & l_{32} \end{bmatrix} \times \begin{bmatrix} u_{11} & u_{12} & u_{13} \\ 0 & u_{22} & u_{23} \\ 0 & 0 & u_{33} \end{bmatrix}$$

矩阵 A 中，$a = l_{11}u_{11}$，$b = l_{11}u_{12}$，以此类推。下三角矩阵对角线右上方系数全部
为零，相反即为上三角函数。

相对于 Cholesky 分解，LU 分解可应用于任意方阵，而 Cholesky 分解只能用
于正定矩阵。

我们使用 SciPy 模块 linalg 包实现 LU 分解：

```
""" LU decomposition with SciPy """
import scipy.linalg as linalg
import numpy as np

A = np.array([[2., 1., 1.],
              [1., 3., 2.],
              [1., 0., 0.]])
B = np.array([4., 5., 6.])

LU = linalg.lu_factor(A)
x = linalg.lu_solve(LU, B)
```

输入下列代码，显示 x 的值：

```
>>> print x
[  6.  15. -23.]
```

运算得 a、b、c 的值分别为 6、15 和 -23。

此处我们应用 scipy. linalg 的 lu_factor 函数，将 LU 变量定义为矩阵 A 的 LU

分解形式，利用 lu_solve 函数求解该方程组。

我们利用 lu 函数对矩阵 A 进行 LU 分解，该函数会返回三个变量：置换矩阵 P、下三角函数 L 和上三角函数 U。

```
>>> P, L, U = scipy.linalg.lu(A)
```

得到上述变量后，可以将矩阵 A 和 LU 分解形式的关系表示如下：

$$A = \begin{bmatrix} 2 & 1 & 1 \\ 1 & 3 & 2 \\ 1 & 0 & 0 \end{bmatrix} = \begin{bmatrix} 1 & 0 & 0 \\ 0.5 & 1 & 0 \\ 0.5 & -0.2 & 1 \end{bmatrix} \times \begin{bmatrix} 2 & 1 & 1 \\ 0 & 2.5 & 1.5 \\ 0 & 0 & -0.2 \end{bmatrix}$$

LU 分解可以理解为高斯消元法的矩阵形式，将复杂矩阵分解为两个简单的三角矩阵。

2.7 Cholesky 分解

Cholesky 分解是利用对称矩阵性质求解线性方程组的方法。与 LU 分解相比，它可以显著提高计算速度并降低对内存的要求。但使用 Cholesky 分解需要矩阵为埃尔米特矩阵（实值对称矩阵）且正定，即 Cholesky 分解将矩阵分解为 $A = LL^{\mathrm{T}}$，其中 L 是对角线为正实数的下三角矩阵，L^{T} 为 L 的共轭转置矩阵。

假设矩阵 A 为正定埃尔米特矩阵，方程 $Ax = B$ 中，A、B 取值如下：

$$A = \begin{bmatrix} 10 & -1 & 2 & 0 \\ -1 & 11 & -1 & 3 \\ 2 & -1 & 10 & -1 \\ 0 & 3 & -1 & 8 \end{bmatrix}, x = \begin{bmatrix} a \\ b \\ c \\ d \end{bmatrix}, B = \begin{bmatrix} 6 \\ 25 \\ -11 \\ 15 \end{bmatrix}$$

在 NumPy 数组中呈现矩阵：

```
""" Cholesky decomposition with NumPy """
import numpy as np
A = np.array([[10., -1., 2., 0.],
              [-1., 11., -1., 3.],
              [2., -1., 10., -1.],
              [0.0, 3., -1., 8.]])
B = np.array([6., 25., -11., 15.])

L = np.linalg.cholesky(A)
```

利用 numpy. linalg 中 cholesky 函数计算矩阵 A 的下三角矩阵如下所示：

```
>>> print L
[[ 3.16227766  0.          0.          0.        ]
 [-0.31622777  3.3015148   0.          0.        ]
 [ 0.63245553 -0.24231301  3.08889696  0.        ]
 [ 0.          0.9086738  -0.25245792  2.6665665 ]]
```

为检验 Cholesky 分解计算结果，根据 Cholesky 分解的定义将矩阵 L 与其共轭转置矩阵相乘进行验证。

```
>>> print np.dot(L, L.T.conj())  # A=L.L*
[[ 10.  -1.   2.   0.]
 [ -1.  11.  -1.   3.]
 [  2.  -1.  10.  -1.]
 [  0.   3.  -1.   8.]]
```

解出 x 前，将 $L^T x$ 设为 y，调用 numpy. linalg 的 solve 函数：

```
>>> y = np.linalg.solve(L, B)  # L.L*.x=B; When L*.x=y, then L.y=B
```

利用矩阵 L 的共轭转置矩阵和 y 求解 x。

```
>>> x = np.linalg.solve(L.T.conj(), y)  # x=L*'.y
```

输出结果：

```
>>> print x
[ 1.  2. -1.  1.]
```

输出结果显示了 x 中 a、b、c、d 的值。

将矩阵 A 与 x 的转置相乘进行验证：

```
>>> print np.mat(A) * np.mat(x).T  # B=Ax
[[  6.]
 [ 25.]
 [-11.]
 [ 15.]]
```

结果显示 Cholesky 分解得到的 x 是正确的。

2.8　QR 分解

QR 分解，又称为 QR 因式分解，和 LU 分解一样是利用矩阵求解线性方程组的方法。QR 分解用于处理 $Ax = B$ 形式的方程，且矩阵 $A = QR$，Q 为正交矩阵，R 为上三角矩阵。QR算法是线性最小二乘问题的常见解法。

一个正交矩阵具有下列特征：

❑ 它是一个方阵

❑ 正交矩阵乘以其转置矩阵等于单位矩阵：

$$QQ^T = Q^T Q = 1$$

❑ 正交矩阵的逆矩阵等于其转置矩阵：

$$Q^T = Q^{-1}$$

单位矩阵是一个方阵，其主对角线上元素均为 1，其余全为 0。

现在将 $Ax = B$ 的问题转化成：

$$QRx = B$$

$$Rx = Q^{-1}B \text{ 或 } Rx = Q^T B$$

利用 scipy. linalg 的 qr 函数计算 Q 和 R 的值，设变量 y 等于 BQ^T：

```
""" QR decomposition with scipy """
import scipy.linalg as linalg
import numpy as np

A = np.array([
    [2., 1., 1.],
    [1., 3., 2.],
    [1., 0., 0]])
B = np.array([4., 5., 6.])

Q, R = scipy.linalg.qr(A)  # QR decomposition
y = np.dot(Q.T, B)  # Let y=Q'.B
x = scipy.linalg.solve(R, y)  # Solve Rx=y
```

注意 Q. T 即矩阵 Q 的转置矩阵和逆矩阵。

```
>>> print x
[  6.  15. -23.]
```

我们得到与 LU 分解的例题相同的答案。

使用其他矩阵代数方法求解

前述已经介绍了逆矩阵的求解方法，以及利用 LU 分解、Cholesky 分解和 QR 分解求解线性方程组。量化投资分析师应充分了解上述内容，以解决矩阵中包含大量金融数据所带来的问题。

某些情况下，我们要求的解可能不收敛，可以使用迭代法解决此类问题，如 Jacobi 迭代、Gauss-Seidel 迭代和 SQR 迭代法。

1. Jacobi 迭代法

Jacobi 迭代法通过对矩阵的对角元迭代求解线性方程组，计算结果收敛时终止迭代。方程 $Ax = B$ 中，矩阵 $A = D + R$，矩阵 D 为对角矩阵。以一个 4×4 的矩阵 A 为例：

$$A = \begin{bmatrix} a & b & c & d \\ e & f & g & h \\ i & j & k & l \\ m & n & o & p \end{bmatrix} = \begin{bmatrix} a & 0 & 0 & 0 \\ 0 & f & 0 & 0 \\ 0 & 0 & k & 0 \\ 0 & 0 & 0 & p \end{bmatrix} + \begin{bmatrix} 0 & b & c & d \\ e & 0 & g & h \\ i & j & 0 & l \\ m & n & o & 0 \end{bmatrix}$$

通过迭代得出答案：

$$Ax = B$$
$$(D + R)x = B$$
$$Dx = B - Rx$$
$$x_{n+1} = D^1(B - Bx_n)$$

与 Gauss-Seidel 迭代法不同，Jacobi 方法欲求得 x_{n+1} 必须先求出 x_n，这将占用两倍的内存。然而，矩阵中每个元素的计算都以并行方式完成会显著提高运算速度。

如果矩阵 A 是一个不可约严格对角占优（strictly irreducibly diagonally dominant）矩阵，通过 Jacobi 迭代法得到的解一定是收敛的。不可约严格对角占优矩阵是每个对角元的绝对值都大于所在行非对角元绝对值之和的矩阵。

某些情况下，即使矩阵不满足上述条件也能通过 Jacobi 迭代得到收敛解：

```
""" Solve Ax=B with the Jacobi method """
import numpy as np


def jacobi(A, B, n, tol=1e-10):
    # Initializes x with zeroes with same shape and type as B
    x = np.zeros_like(B)

    for it_count in range(n):
        x_new = np.zeros_like(x)
        for i in range(A.shape[0]):
```

```
        s1 = np.dot(A[i, :i], x[:i])
        s2 = np.dot(A[i, i + 1:], x[i + 1:])
        x_new[i] = (B[i] - s1 - s2) / A[i, i]

    if np.allclose(x, x_new, tol):
        break

    x = x_new

return x
```

本题矩阵 A 使用与 Cholesky 分解中相同的值，利用 jacobi 函数进行 25 次
迭代：

```
A = np.array([[10., -1., 2., 0.],
              [-1., 11., -1., 3.],
              [2., -1., 10., -1.],
              [0.0, 3., -1., 8.]])
B = np.array([6., 25., -11., 15.])
n = 25
```

调用 jacobi 函数求解 x：

```
>>> x = jacobi(A, B, n)
>>> print "x =", x
x = [ 1.  2. -1.  1.]
```

最终 x 的值与通过 Cholesky 分解所求相同。

2. Gauss-Seidel 迭代法

Gauss-Seidel 迭代法与 Jacobi 迭代法很相似。方程 $Ax = B$ 中，矩阵 $A = L + U$，
矩阵 L 为下三角矩阵，矩阵 U 为上三角矩阵。以一个 4×4 的矩阵 A 为例：

$$A = \begin{bmatrix} a & b & c & d \\ e & f & g & h \\ i & j & k & l \\ m & n & o & p \end{bmatrix} = \begin{bmatrix} a & 0 & 0 & 0 \\ e & f & 0 & 0 \\ i & j & k & 0 \\ m & n & o & p \end{bmatrix} + \begin{bmatrix} 0 & b & c & d \\ 0 & 0 & g & h \\ 0 & 0 & 0 & l \\ 0 & 0 & 0 & 0 \end{bmatrix}$$

迭代得：

$$Ax = B$$

$$(L + U)x = B$$

$$Lx = B - Ux$$

$$x_{n+1} = L^{-1}(B - Ux_n)$$

利用下三角矩阵 L 计算 x_{n+1}，不必先求出 x_n，这相比 Jacobi 迭代法将节省一半的存储空间。

利用 Gauss-Seidel 迭代法求解的收敛速度很大程度取决于矩阵性质，需要严格对角占优或正定矩阵。即使这些条件没有满足，Gauss-Seidel 迭代的结果仍可能收敛。

用 Python 实现 Gauss-Seidel 迭代法：

```
""" Solve Ax=B with the Gauss-Seidel method """
import numpy as np


def gauss(A, B, n, tol=1e-10):
L = np.tril(A)  # Returns the lower triangular matrix of A
U = A - L  # Decompose A = L + U
L_inv = np.linalg.inv(L)
x = np.zeros_like(B)

for i in range(n):
    Ux = np.dot(U, x)
    x_new = np.dot(L_inv, B - Ux)

    if np.allclose(x, x_new, tol):
        break

    x = x_new

return x
```

利用 NumPy 模块的 tril 函数通过下三角矩阵 U 返回下三角矩阵 A，利用由 tol 定义的公差迭代求得 x。

使用与 Jacobi 迭代和 Cholesky 分解中相同的矩阵，我们将 guass 函数 n 的最大值设为 100 来计算 x：

```
A = np.array([[10., -1., 2., 0.],
              [-1., 11., -1., 3.],
              [2., -1., 10., -1.],
              [0.0, 3., -1., 8.]])
B = np.array([6., 25., -11., 15.])
n = 100
x = gauss(A, B, n)
```

验证求得 x 值是否与前述相等：

```
>>>print "x =", x
x = [ 1.  2. -1.  1.]
```

结果显示求得的 x 与通过 Jacobi 迭代和 Cholesky 分解的结果相同。

2.9　总结

本章我们简要学习了资本资产定价模型和套利定价模型在金融中的应用。在资本资产定价模型中，我们探讨了利用有效边界和资本市场线确定市场投资组合和最优投资组合，通过回归确定证券市场线解决定价问题。借助套利定价模型，我们得以抛开均值方差模型框架探讨不同因素是如何影响证券收益率的，通过多元线性回归确定相关系数以估计证券资产价值。

本章使用线性规划模拟投资组合分配问题，定义一个最大化或最小化函数，添加不等式约束条件，借助 Python 的 PuLP 库求解未知变量。线性规划的三种结果可能是无界解、唯一解或无解。

线性规划的另一种形式是整数规划，即所有变量都限制为整数。整数规划的一个特殊情况是二进制的 0 或 1 变量，处理多项选择的决策模型时非常有帮助。为了避免执行二进制条件下简单整数规划的陷阱，我们需要精心设计模型。

投资组合分配的另一种解决方案是利用矩阵表示线性方程组。本类问题中方程组以 $Ax = B$ 的形式表示，为求解 x，将等式变形为 $x = A^{-1}B$ 并通过多种分解方法分解矩阵 A，如：以 LU 分解、Cholesky 分解和 QR 分解为代表的直接分解法，以 Jacobi 迭代和 Gauss-Seidel 迭代为代表的间接分解法。

下一章我们将研究非线性模型及其求解方法。

第 3 章

非线性与金融

近年来经济与金融理论研究对非线性现象的关注度越来越高。随着非线性序列在金融时间序列中的重要性逐渐提升，针对金融产品非线性建模的研究大幅增加。

金融行业从业者使用非线性模型预测波动性，衍生工具价格，计算**风险价值**（Value at Risk，VAR）。与线性模型求解不同，非线性模型不一定可以推断出全局最优解。数值求根方法通常收敛到最近的局部最优解，即方程只有一个根。

本章讨论以下主题：

❏ 非线性的定义

❏ 隐含波动率模型中的波动率微笑

❏ 马尔可夫转换模型、门限模型和平滑转换模型

❏ 非线性模型求根法概述

❏ 增量法、二分法、牛顿迭代法和割线法

❏ 结合多种求根法的 Brent 法

❏ SciPy 标量求根函数

❏ SciPy 通用非线性求解器

3.1 非线性建模

线性关系旨在用最简单的方式解释已知现象，但许多复杂物理现象无法用线性模型解释。例如下面的非线性关系：

$$f(a + b) \neq f(a) + f(b)$$

解决此类复杂非线性关系，我们需要结合金融和时间序列背景下的实例来充分理

解并构造非线性模型。

3.2 非线性模型举例

由于非线性研究太过宽泛和深入,本书将简要介绍实际中常用的一些非线性模型:隐含波动率模型、马尔可夫转换模型(Markov-switching model)、门限模型(threshold model)和平滑转换模型(smooth transition model)。

3.2.1 隐含波动率模型

最常见的期权定价模型应该是布莱克 – 斯克尔斯 – 默顿期权定价模型(Black-Scholes-Merton model),或简称为布莱克 – 斯克尔斯模型。看涨(看跌)期权是一种在特定时间以特定价格购买(卖出)特定证券的权利而非义务。布莱克 – 斯克尔斯模型假设证券回报服从正态分布,或证券价格服从对数正态分布,从而计算期权公允价值。

该模型采用以下假设变量:行权价格(K)、到期日(T)、无风险回报率(r)、潜在收益波动性(σ)、标的资产当前价格(S)、收益(q)。看涨期权的数学公式 $C(S, t)$ 表示为:

$$C(S,t) = Se^{-qT}N(d_1) - Ke^{-rT}N(d_2)$$

上式中:

$$d_1 = \frac{ln(S/K) + (r - q + \sigma^2/2)T}{\sigma\sqrt{T}}$$

$$d_2 = d_1 - \sigma\sqrt{T}$$

由于市场调节作用,期权价格可能与布莱克 – 斯克尔斯模型计算结果有所偏差,尤其是通过历史市场价格得到的收益波动性与模型采用的波动性 σ 不一致的情况。

通过第 2 章的资本资产定价模型,我们已经了解到证券的高风险对应高收益,证券的风险由波动率或标准差度量。

随着波动性在证券定价中的重要性日渐提高,诸多波动率模型被提出,隐含波动率模型即其中之一。

由布莱克－斯克尔斯模型得到的隐含波动率函数图像如下图所示，称为隐含波动率微笑（volatility smile）。

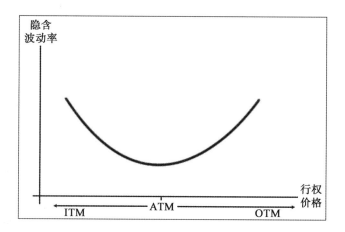

对于由投机产生的**极度实值期权**（deep in-the-money，ITM）或**虚值期权**（out-of-the-money，OTM），隐含波动率最高；对于**平值期权**（at-the-money，ATM），隐含波动率最低。

 期权有下列三种类型：

- **实值期权**：看涨期权行权价格低于相关期货合约行权时市场价格，该看涨期权具有内涵价值。看跌期权行权价格高于相关期货合约行权时市场价格，该看跌期权具有内涵价值。
- **虚值期权**：行权价格高于当时期货市场价格的看涨期权或行权价格低于当时期货市场价格的看跌期权。虚值期权不具有内涵价值。
- **平值期权**：平值期权的行权价格等于标的资产的市场价格。平值期权不具有内涵价值，但具有时间价值。

隐含波动率模型的目标之一是从上述波动率曲线中找出隐含波动率的最小值，即找到"根"，此时即可根据该值计算出平值期权的理论价格，与看跌或看涨期权市场价格进行比较。由于该曲线是非线性的，线性代数不能充分求解，本章下一节将介绍求根方法。

3.2.2　马尔可夫机制转换模型

马尔可夫机制转换模型（Markov regime-switching model）又称为马尔可夫转

换模型，是为在金融时间序列背景下构造非线性模型提出的，可在不同机制状态
下描述时间序列。不同机制状态即不同经济状态的转换，例如 2008 年全球经济
低迷时的动荡状态或经济稳步复苏时的增长状态。不同机制间的转换能力使马尔
可夫机制转换模型具备复杂的动态模式。

股票价格的马尔可夫特性（Markov property）表明股票未来价格只与当前价
格有关，股票历史价格与当前走势并无关系。

以一个 $m = 2$ 的马尔可夫机制转换模型为例：

$$y_t = \begin{cases} x_1 + \varepsilon_t, & \text{当 } s_t = 1 \text{ 时} \\ x_2 + \varepsilon_t, & \text{当 } s_t = 2 \text{ 时} \end{cases}$$

上式中，ε_t 为独立同分布的白噪声。白噪声是均值为零的正态随机过程。下列虚
拟变量也能描述该模型：

$$y_t = x_1 D_t + x_2(1 - D_t) + \varepsilon_t$$

$$\text{当 } s_t = 1 \text{ 时，} D_t = 1$$

$$\text{当 } s_t = 2 \text{ 时，} D_t = 0$$

马尔可夫机制转换模型可用于估计实际 GDP 增长率和动态通货膨胀率，从而对
利率衍生品定价模型产生影响。马尔可夫机制转换模型从前一状态 i 转换到当前
状态 j 的概率为：

$$P[s_t = j \mid s_{t-1} = i]$$

3.2.3 门限自回归模型

与马尔可夫机制转换模型十分相似的门限自回归模型（threshold autore-
gressive model，TAR）是用于解释非线性时间序列问题最常见的自回归模型。
该门限模型的机制由时间序列过去的 d 值确定，与阈值 c 有关。下面是自激
励门限自回归模型（self-exciting TAR model，SETAR）的举例。自激励门限
自回归模型可根据以往时间序列取值在不同机制间转换。

$$y_t = \begin{cases} a_1 + b_1 y_{t-d} + \varepsilon_t, & \text{若 } y_{t-d} \leqslant c \\ a_2 + b_2 y_{t-d} + \varepsilon_t, & \text{若 } y_{t-d} > c \end{cases}$$

自激励门限自回归模型可用虚拟变量表示为：

$$y_t = (a_1 + b_1 y_{t-d}) D_t + (a_2 + b_2 y_{t-d})(1 - D_t) + \varepsilon_t$$

$$D_t = 1，当 y_{t-d} \leqslant c 时，$$

$$D_t = 0，当 y_{t-d} > c 时$$

需要注意的是，门限自回归模型可能会因阈值 c 导致机制状态发生急剧转变。

3.2.4　平滑转换模型

机制状态的急剧转换在现实世界不可能发生，该问题可通过引入一个平滑连续函数解决。通过逻辑函数 $G(y_{t-1}；\gamma，c)$，自激励门限自回归模型就变为逻辑平滑转换门限自回归 （logistic smooth transition threshold autoregressive，LSTAR）模型：

$$G(y_{t-1}；\gamma，c) = \frac{1}{1 + e^{-\gamma(y_{t-d}-c)}}$$

自激励门限自回归模型变为逻辑平滑转换门限自回归，后者可表示为：

$$y_t = (a_1 + b_1 y_{t-d})(1 - G(y_{t-1}；\gamma,c)) + (a_2 + b_2 y_{t-d})G(y_{t-1}；\gamma,c) + \varepsilon_t$$

上式中，参数 γ 控制机制状态的转变。γ 越大，转换越快，且 y_{t-d} 越靠近阈值 c。$\gamma = 0$ 时逻辑平滑转换门限自回归模型相当于一个简单的单机制自回归模型。

3.3　非线性模型求根算法概述

上一节介绍了一些用于金融时间序列的非线性模型。利用包括求根算法在内的数值算法，求连续函数 f 的根，例如 $f(x) = 0$，该函数的根可能是函数的最大值或最小值。一般来说，一个方程可能存在很多根或无解。

使用非线性模型求根，可以借助布莱克-斯克尔斯隐含波动率模型。期权交易员可以利用该模型计算出隐含价格与市场价格进行对比。在第 4 章，我们将结合求根法与数值期权定价过程，建立基于特定期权市场价格的隐含波动率模型。

求根法是一个迭代过程，需要一个起始点或估计的根。估计的根可能会收敛得到函数解，可能收敛到非所求根，也可能根本无解。因此，找到一个理想的近似根至关重要。

并非每个非线性函数都可以用求根法求解，下图即求根法无法求解的例子。如图所示，y 从 -20 到 20，$x = 0$ 和 $x = 2$ 处是不连续的。

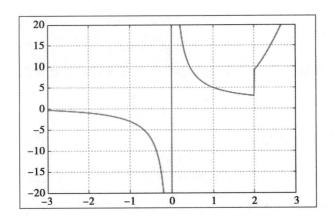

近似根的估计没有统一方法，本书建议在求根迭代前，用括号表示求解区域，以免在错误的方向反复求解。

3.4 增量法

增量法（incremental search）是求解非线性函数的简略方法。对于任意起点 a，可以得到 $f(a)$ 的值。假定对于增量 $\mathrm{d}x$，$f(a+\mathrm{d}x)$、$f(a+2\mathrm{d}x)$、$f(a+3\mathrm{d}x)$ 的符号相同。函数值符号改变时，表明求得一个解。否则迭代超过边界点 b 时结束。

下图形象地展示了迭代求根法：

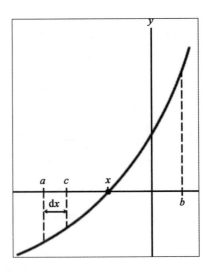

用 Python 实现上例：

```
'''
Python code:
Incremental search method
'''
""" An incremental search algorithm """
import numpy as np


def incremental_search(f, a, b, dx):
    """
    :param f: The function to solve
    :param a: The left boundary x-axis value
    :param b: The right boundary x-axis value
    :param dx: The incremental value in searching
    :return: The x-axis value of the root,
             number of iterations used
    """
    fa = f(a)
    c = a + dx
    fc = f(c)
    n = 1

    while np.sign(fa) == np.sign(fc):
        if a >= b:
            return a - dx, n

        a = c
        fa = fc
        c = a + dx
        fc = f(c)
        n += 1

    if fa == 0:
        return a, n
    elif fc == 0:
        return c, n
    else:
        return (a + c)/2., n
```

每次迭代以 $a + \mathrm{d}x$ 即 c 替代 a。若根存在，则根存在于 a 到 c 的闭区间。本例将 a 和 c 的算术平均值作为近似根，变量 n 记录迭代次数。

我们再利用 Python 求解存在一个解析解的方程 $y = x^3 - 2x^2 - 5$，其中 x 取值范围为 $(-5, 5)$。设增量 $\mathrm{d}x = 0.001$，较小的 $\mathrm{d}x$ 值可以产生更好的精度，迭代次数也更多。

```
>>> """
>>> The keyword 'lambda' creates an anonymous function
>>> with input argument x
>>> """
>>> y = lambda x: x**3 + 2.0*x**2 - 5.
>>> root, iterations = incremental_search (y, -5., 5., 0.001)
>>> print "Root is:", root
```

```
>>> print "Iterations: ", iterations
Root is: 1.2415
Iterations:  6242
```

增量求根法是求根算法的一个简单演示，设定好增量 dx 经过一段时间迭代会得到精度最佳的结果。精度越高，求解所需收敛时间越长。实际操作中，增量法是所有求根算法中最不实用的。接下来我们将学习其他效率更高、精度更好的求根方法。

3.5 二分法

二分法（bisection method）是最简单的一维求根算法，目的在于求出连续函数 $f(x)=0$ 的 x 值。

假设区间 (a, b)，$a < b$，$f(a) < 0$，$f(b) > 0$，令 $c = \dfrac{a+b}{2}$，利用二分法求 $f(c)$ 的值。下图展示了非线性函数中具体点的位置：

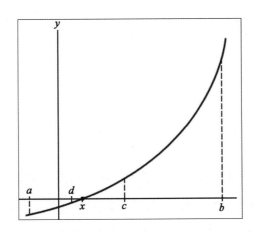

上图中，$f(a)$ 为负值，$f(b)$ 为正值，二分法假设根 x 位于 a、b 之间且 $f(x)=0$。

若 $f(c)=0$ 或在预设的误差范围内接近零点，可视为根已求出。若 $f(c) < 0$，则根位于区间 (c, b) 内，否则位于区间 (a, c) 内。新区间范围逐渐变小，二分法将重复计算 c 值，直至求出根。

二分法最大的优势为在给定的迭代次数和容许误差内，一定可以收敛得到根的近似解。某些连续函数求导尤为复杂，而二分法不要求对未知函数求导，使其处理非光滑函数时非常有效。

与其他求根方法相比，二分法主要的缺陷为迭代时间更长。由于二分法的求根范围在 a 与 b 之间，因此需要准确估测根的位置，否则可能会得到错误的解甚至无解；采用更大范围的区间，所需迭代时间更长。

二分法可以稳定收敛且初始无需估计近似根，通常将其结合其他方法使用，例如牛顿迭代法，更快速地获得精确结果。

二分法的 Python 代码如下：

```python
""" The bisection method """


def bisection(f, a, b, tol=0.1, maxiter=10):
    """
    :param f: The function to solve
    :param a: The x-axis value where f(a)<0
    :param b: The x-axis value where f(b)>0
    :param tol: The precision of the solution
    :param maxiter: Maximum number of iterations
    :return: The x-axis value of the root,
                number of iterations used
    """
    c = (a+b)*0.5  # Declare c as the midpoint ab
    n = 1  # Start with 1 iteration
    while n <= maxiter:
        c = (a+b)*0.5
        if f(c) == 0 or abs(a-b)*0.5 < tol:
            # Root is found or is very close
            return c, n

        n += 1
        if f(c) < 0:
            a = c
        else:
            b = c

    return c, n
```

使用二分法求解前例方程 $y = x^3 - 2x^2 - 5$，其中 x 取值范围为（-5，5）。增量 dx 为 0.001，迭代次数上限为 100 次：

```python
>>> y = lambda x: x**3 + 2*x**2 - 5
>>> root, iterations = bisection(y, -5, 5, 0.00001, 100)
>>> print "Root is:", root
>>> print "Iterations: ", iterations
Root is: 1.24190330505
Iterations:  20
```

可以看出，由二分法得到的结果比增量法更精确，且迭代次数更少。

3.6 牛顿迭代法

牛顿迭代法（Newton's method），又称为牛顿 – 拉夫逊法（Newton-Raphson method），它利用函数求导求解方程。求导是一个线性问题，函数 f 的一阶导数 f' 表示该函数的切线。设 x_1 为 x 的下一阶近似值，则 x_1 表达式为：

$$x_1 = x - \frac{f(x)}{f'(x)}$$

上式表示切线与 x 轴相交于点 x_1，即 $y = 0$，也表示 f 在点 x_1 的一阶泰勒展开式。由此我们可以得到：

$$f(x_1 + \Delta x) = 0$$

按照上述方式迭代，计算过程将在达到迭代次数上限时终止，或在 x_1 与 x 的绝对差处于可接受的精度水平时终止。

牛顿迭代法需要输入初始估计值以计算 $f(x)$ 和 $f'(x)$，可快速准确地得到结果。其缺陷在于不能保证整体收敛性。当函数有不止一个根或计算到达局部极值时，该算法无法进行下一步计算。牛顿迭代法需要对目标函数求导，因此必须确保函数可导，而某些函数的导数几乎不可求。

下图形象地展示了牛顿迭代法的原理。$x0$ 是初始 x 值，$f(x0)$ 的导数与 x 轴相交于 $x1$。通过反复迭代，计算 $x1$，$x2$，$x3$，⋯

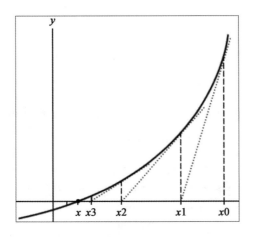

Python 实现牛顿迭代法的代码如下：

```
""" The Newton-Raphson method """

def newton(f, df, x, tol=0.001, maxiter=100):
    """
    :param f: The function to solve
    :param df: The derivative function of f
    :param x: Initial guess value of x
    :param tol: The precision of the solution
    :param maxiter: Maximum number of iterations
    :return: The x-axis value of the root,
                number of iterations used
    """
    n = 1
    while n <= maxiter:
        x1 = x - f(x)/df(x)
        if abs(x1 - x) < tol:  # Root is very close
            return x1, n
        else:
            x = x1
            n += 1

    return None, n
```

使用 3.5 节的函数检验牛顿迭代法的结果：

```
>>> y = lambda x: x**3 + 2*x**2 - 5
>>> dy = lambda x: 3*x**2 + 4*x
>>> root, iterations = newton(y, dy, 5.0, 0.00001, 100)
>>> print "Root is:", root
>>> print "Iterations:", iterations
Root is: 1.24189656303
Iterations: 7
```

 上述代码要输入 5.0 而非 5，使 Python 将该变量识别为浮点变量而非整数变量，以获得更好的精确度。

相比于二分法，牛顿迭代法可通过更少的迭代得到更加精确的答案。

3.7　割线法

割线法（secant method）利用割线求根，割线是与曲线相交两点的直线，并与 x 轴相交。该法可视为一种准牛顿迭代法，通过连续绘制割线求近似根。

割线法的原理如下图所示。首先需要两个点 a 与 b 的横坐标，计算 $f(a)$ 和 $f(b)$，a、b 两点连线与 x 轴交于点 c。

$$y = \frac{f(b) - f(a)}{b - a}(c - b) + f(b)$$

c 的表达式为：

$$c = b - f(b)\frac{b - a}{f(b) - f(a)}$$

下一次迭代中，a 与 b 分别取 b 和 c 的值，依次类推连续绘制割线。当迭代次数到达上限或 b 和 c 差值达到可接受水平时，迭代终止。

割线法收敛速度可视为超线性收敛，快于二分法但慢于牛顿迭代法。由于牛顿法每次迭代的浮点运算量比割线法多一倍，因此可以认为无需求导的割线法在绝对时间上更有优势。

割线法要求输入初始预估值，否则无法保证精确收敛。

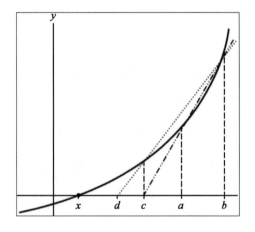

割线法的 Python 代码如下：

```
""" The secant root-finding method """


def secant(f, a, b, tol=0.001, maxiter=100):
    """
    :param f: The function to solve
    :param a: Initial x-axis guess value
    :param b: Initial x-axis guess value, where b>a
    :param tol: The precision of the solution
    :param maxiter: Maximum number of iterations
    :return: The x-axis value of the root,
                number of iterations used
    """
    n = 1
    while n <= maxiter:
        c = b - f(b)*((b-a)/(f(b)-f(a)))
        if abs(c-b) < tol:
```

```
        return c, n

    a = b
    b = c
    n += 1

return None, n
```

使用前述的非线性函数检验结果：

```
>>> y = lambda x: x**3 + 2*x**2 - 5
>>> root, iterations = secant(y, -5.0, 5.0, 0.00001, 100)
>>> print "Root is:", root
>>> print "Iterations:", iterations
Root is: 1.24189656226
Iterations: 14
```

上述几种求根方法都给出了非常精确的近似解，相比二分法，割线法迭代次数更少，但多于牛顿迭代法。

3.8 求根法的结合使用

综合前述求根算法，可以按照以下顺序尝试：

1）利用速度较快的割线法将问题收敛至预设的误差值，或到达最大收敛次数。

2）一旦达到预设误差值，切换至二分法求解。

Brent 法结合了二分法、割线法和逆二次插值法（inverse quadratic interpolation），尽可能使用割线法或逆二次插值法，而在必要时使用二分法。

Brent 法可调用 SciPy 的 scipy. optimize. brentq 函数实现。

3.9 利用 SciPy 求解

SciPy 包含了基于 Python 的一系列科学计算功能。编写求根算法前了解 scipy. optimize 模块，更有助于你实现算法求解。

3.9.1 SciPy 求根标量函数

scipy. optimize 模块包含 bisect、newton、brentq、ridder 等求根函数。下面用 SciPy 实现前述例题：

```
"""
Documentation at
http://docs.scipy.org/doc/scipy/reference/optimize.html
"""
import scipy.optimize as optimize

y = lambda x: x**3 + 2.*x**2 - 5.
dy = lambda x: 3.*x**2 + 4.*x

# Call method: bisect(f, a, b[, args, xtol, rtol, maxiter, ...])
print "Bisection method: %s" \
      % optimize.bisect(y, -5., 5., xtol=0.00001)

# Call method: newton(func, x0[, fprime, args, tol, ...])
print "Newton's method: %s" \
      % optimize.newton(y, 5., fprime=dy)
# When fprime=None, then the secant method is used.
print "Secant method: %s" \
      % optimize.newton(y, 5.)

# Call method: brentq(f, a, b[, args, xtol, rtol, maxiter, ...])
print "Brent's method: %s" \
      % optimize.brentq(y, -5., 5.)
```

运行上述代码，输出如下结果：

```
Bisection method: 1.24190330505
Newton's method: 1.24189656303
Secant method: 1.24189656303
Brent's method: 1.24189656303
```

可以看出 SciPy 得出的结果与之前非常相近。

SciPy 为每种函数的实现设定了明确的条件。例如，二分法的常规函数调用如下：

```
scipy.optimize.bisect(f, a, b, args=(), xtol=1e-12,
rtol=4.4408920985006262e-16, maxiter=100, full_output=False,
disp=True)
```

该函数会返回 f 的零点，同时 $f(a)$ 和 $f(b)$ 异号。某些情况下，这些约束难以全部满足。例如，求解非线性隐含波动率模型时，波动率值不能为负。现实活跃市场中，几乎无法在不修改函数条件的情况下求出波动率函数的根。这种情况下，我们可以根据自己的求根方法编写程序。

3.9.2 通用非线性求解器

scipy.optimize 模块还包含多维通用求解器，其中 root 和 fsolve 函数具有如下特征：

❑ root（fun, x0 [, args, method, jac, tol, . . .]）：找到了一个向量函数的根。

❑ fsolve（func, x0 [, args, fprime, . . .]）：找到了一个函数的根。

输出作为 dictionary 对象返回。再次使用前述非线性函数作为输入函数，得到以下输出：

```
>>> import scipy.optimize as optimize

>>> y = lambda x: x**3 + 2.*x**2 - 5.
>>> dy = lambda x: 3.*x**2 + 4.*x

>>> print optimize.fsolve(y, 5., fprime=dy)
[ 1.24189656]
>>> print optimize.root(y, 5.)
 status: 1
 success: True
     qtf: array([ -3.73605502e-09])
    nfev: 12
       r: array([-9.59451815])
     fun: array([  3.55271368e-15])
       x: array([ 1.24189656])
 message: 'The solution converged.'
    fjac: array([[-1.]])
```

初始预估值为 5，最终的根收敛到 1.241 896 56，这与我们之前得到的答案非常接近。接下来输入 −5 作为初始预估值：

```
>>> print optimize.fsolve(y, -5., fprime=dy)
[-1.33306553]
>>> print optimize.root(y, -5.)
  status: 5
 success: False
     qtf: array([ 3.81481521])
    nfev: 28
       r: array([-0.00461503])
     fun: array([-3.81481496])
       x: array([-1.33306551])
 message: 'The iteration is not making good progress, as measured by
the \n  improvement from the last ten iterations.'
    fjac: array([[-1.]])
```

输出结果显示，该算法不收敛，并返回一个与之前结果有偏差的根。求解器试图在最短时间内求得最接近的答案，同时保持理想的精度。

3.10   总结

本章简要讨论了经济与金融中的非线性问题，介绍了一些非线性模型，如布莱克－斯克尔斯隐含波动率模型、马尔可夫机制转换模型、门限模型和平滑转换模型。

在布莱克－斯克尔斯模型中，我们讨论了看涨或看跌期权的隐含波动率曲线，称为隐含波动率微笑，可根据隐含波动率曲线最小值计算平值期权的理论价格，与看跌或看涨期权的市场价格进行比较。由于该曲线是非线性的，因此线性代数方法无法求得最优解，故引入求根算法。

我们讨论了几种常见的求根方法：二分法、牛顿迭代法和割线法。组合使用不同求根方法能够更快速求出复杂函数的根，例如 Brent 法的使用。

接下来探索了 Python 中 scipy. optimize 模块的功能。scipy. optimize 模块的实现通常带有约束条件，比如，若要成功收敛需输入符号相反的边界值。但在隐含波动率模型中，波动率值并不会出现负值。我们需要根据实际情况编写合适的求根算法。

通用求解器是求解非线性关系的另一种途径，它同样可以快速收敛得到答案，但该答案的精确性受初始猜测值的影响。

本章介绍了非线性研究的基础知识。非线性建模与优化是一项非常复杂的任务，且没有通用解决方案。

下一章，我们学习常用的期权定价方法，结合数值程序和求根算法，建立股票期权市场价格的隐含波动率模型。

第 4 章

利用数值方法为衍生品定价

衍生工具是一种合同，其收益取决于某些相关资产的价值。闭式衍生品定价很复杂的情况下，数值程序显得尤为重要。数值方法通过迭代计算收敛到解，一个典型例子是二叉树模型。二叉树节点表示与价格相关联的某个时间点资产的状态，每个节点在下一时间步骤通向其他两个节点。类似地，三叉树每个节点在下一时间步骤通向其他三个节点。然而，随着树的节点数或时间步骤增加，消耗的计算资源也增加。Lattice 方法在每个步骤仅存储新信息，并重用已存储值解决问题。

有限差分定价中，树的节点可以表示为网格。网格的终端值由终端条件组成，网格边缘表示资产定价边界条件。本章将讨论如何用有限差分法的显式方法、隐式方法和 Crank-Nicolson 法确定资产价格。

虽然普通期权和某些奇异期权（如欧式障碍期权和回望期权）存在解析解，但其他奇异期权（如亚洲期权）不存在闭式解。因此我们需要在期权定价中采用数值方法。

本章讨论以下主题：

❑ 二叉树模型定价欧式期权和美式期权

❑ Cox-Ross-Rubinstein（CRR）模型

❑ Leisen-Reimer（LR）模型

❑ 三叉树模型

❑ 使用二叉树网格和三叉树网格定价

❑ 希腊值

❑ 有限差分法的显式、隐式和 Crank-Nicolson 方法

❑ 使用 LR 树和二分法进行隐含波动率建模

4.1 什么是期权

期权（option）是一种衍生金融工具，指买方（或卖方）拥有在未来某一特定日期（到期日期）以事先规定好的价格（指行权价格）向卖方购买（或向买方出售）一定数量特定标的物的权利而非义务。

看涨期权（call option）指买方拥有在特定日期按事先约定的价格向期权卖方买入一定数量期权合约规定的商品的权利。看涨期权卖方有义务在期权规定日期，应期权买方要求，以期权合约事先规定的价格卖出期权合约规定的商品。

看跌期权（put option）指买方拥有在特定日期按事先约定的价格向期权卖方卖出一定数量期权合约规定的商品的权利。看跌期权卖方有义务在期权规定日期，应期权买方要求，以期权合约事先规定的价格买入期权合约规定的商品。

最常见的期权是欧式期权和美式期权，其余还包括百慕大期权和亚洲期权等。欧式期权只能在到期日行权，美式期权可以在到期日或之前任一交易日行权。本章将主要讨论这两种期权。

4.2 二叉树期权定价模型

二叉树期权定价模型中，标的资产价格在每一时间节点都有上升和下降两种可能性。由于期权是标的资产的衍生工具，因此二叉树期权定价模型基于离散时间跟踪标的资产，它可以为欧式期权、美式期权，以及百慕大期权定价。

设标的资产现价为 S_0，资产价格上涨幅度为 P_u，下跌幅度为 P_d。每个时点标的资产价格都有上涨和下跌两种，终端节点代表标的资产不同涨跌情况的最终期望价值。根据风险中性理论，我们可以计算二叉树每个节点标的资产的价值，将无风险利率作为贴现率计算出看涨或看跌期权现值。

4.2.1 欧式期权定价

两期二叉树定价模型中，假设一只零股利股票当前价格为 50 美元，该股票上涨或下跌幅度都为 20%，无风险年利率为 5%，试求 6 个月到期的行权价格为 52 美元的欧式看跌期权的价格。二叉树方法如下图所示：

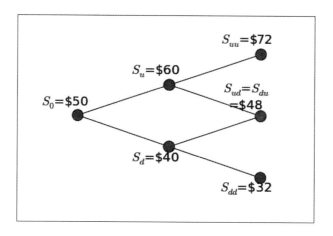

每个节点股票价格计算过程如下：

$$现价\ S_0 = 50$$

$$上涨幅度\ P_u = 1.2$$

$$下跌幅度\ P_d = 0.8$$

$$S_u = 50 \times 1.2 = 60$$

$$S_d = 50 \times 0.8 = 40$$

$$S_{uu} = 50 \times 1.2^2 = 72$$

$$S_{du} = S_{ud} = 50 \times 1.2 \times 0.8 = 48$$

$$S_{dd} = 50 \times 0.8^2 = 32$$

终端节点包含期权的到期价值，此时行使一份欧式看涨期权合约的收益为：

$$C_t = \max(0, S_t - K)$$

行使一份欧式看跌期权合约的收益为：

$$p_t = \max(0, K - S_t)$$

我们利用该期权收益值，由后向前构建期权价格，最后一期用无风险报酬率作为贴现率求得期权当前价格。

该模型假设投资者不关心风险，而期望每种资产回报率相同。

风险中性原理假设投资者对待风险的态度是中性的，所有证券的期望报酬率都应当是无风险报酬率：

$$e^{rt} = qu + (1 - q)d$$

因此风险中性概率 q 可以表示为：

$$q = \frac{e^{rt} - d}{u - d}$$

这些公式是否与股票和期货有关

与投资股票不同，期货合约无需事先获得头寸。根据风险中性方法，持有期货合约的期望增长率为 0，其收益可表示为：

$$1 = qu + (1 - q)d$$

投资期货的风险中性概率 q 可以表示为：

$$q = \frac{1 - d}{u - d}$$

前述例子中，风险中性概率 q 为 0.628 17，该看跌期权收益如下图所示：

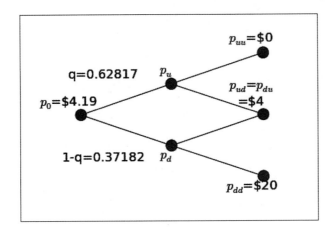

4.2.2   编写 StockOption 类

利用 Python 运行多种期权定价方法前，先编写一个 StockOption 类，存储并计算本章反复用到的股票期权通用属性。将下列代码存储为 StockOption. py：

```python
""" Store common attributes of a stock option """
import math


class StockOption(object):

    def __init__(self, S0, K, r, T, N, params):
        self.S0 = S0
        self.K = K
        self.r = r
        self.T = T
        self.N = max(1, N) # Ensure N have at least 1 time step
        self.STs = None  # Declare the stock prices tree
```

```
""" Optional parameters used by derived classes """
self.pu = params.get("pu", 0)  # Probability of up state
self.pd = params.get("pd", 0)  # Probability of down state
self.div = params.get("div", 0)  # Dividend yield
self.sigma = params.get("sigma", 0)  # Volatility
self.is_call = params.get("is_call", True)  # Call or put
self.is_european = params.get("is_eu", True)  # Eu or Am

""" Computed values """
self.dt = T/float(N)  # Single time step, in years
self.df = math.exp(
    -(r-self.div) * self.dt)  # Discount factor
```

标的资产的当前价格、行权价格、无风险利率、到期时间和时间步长取值是期权定价所需的通用属性。其中 params 变量是一个字典对象，接受模型所需的附加信息。时间步长 dt 和贴现率 df 在运行定价程序时可反复使用。

4.2.3 编写 BinomialEuropeanOption 类

Python 包含对欧式期权进行二叉树定价的 BinomialEuropeanOption 类，该类与 StockOption 类使用同一期权通用属性。

BinomialEuropeanOption 类的定价方法是解决此类问题的通用方法。该方法调用_setup_parameters_建立所需模型参数，再调用_initialize_stock_price_tree_预测 T 期的股票价格。最后调用私有方法__begin_tree_traversal__，初始化收益值数组并存储折现收益值，该方法将遍历二叉树至当前时间。收益树节点作为 NumPy 数组对象返回，其中欧式期权的当前价值出现在初始节点。

> 以双下划线 "_" 开头的方法为私有方法，只能在同一类中访问。以单下划线 "_" 开头的方法是受保护的方法，该方法可能被子类覆盖。不以下划线开头的方法为公共函数，可以从任何对象访问。

将下列代码保存至名为 BinomialEuropeanOption.py 的文件：

```
""" Price a European option by the binomial tree model """
from StockOption import StockOption
import math
import numpy as np


class BinomialEuropeanOption(StockOption):

    def __setup_parameters__(self):
```

```python
    """ Required calculations for the model """
    self.M = self.N + 1  # Number of terminal nodes of tree
    self.u = 1 + self.pu  # Expected value in the up state
    self.d = 1 - self.pd  # Expected value in the down state
    self.qu = (math.exp((self.r-self.div)*self.dt) -
               self.d) / (self.u-self.d)
    self.qd = 1-self.qu

def _initialize_stock_price_tree_(self):
    # Initialize terminal price nodes to zeros
    self.STs = np.zeros(self.M)

    # Calculate expected stock prices for each node
    for i in range(self.M):
        self.STs[i] = self.S0*(self.u**(self.N-i))*(self.d**i)

def _initialize_payoffs_tree_(self):
    # Get payoffs when the option expires at terminal nodes
    payoffs = np.maximum(
        0, (self.STs-self.K) if self.is_call
        else(self.K-self.STs))

    return payoffs

def _traverse_tree_(self, payoffs):
    # Starting from the time the option expires, traverse
    # backwards and calculate discounted payoffs at each node
    for i in range(self.N):
        payoffs = (payoffs[:-1] * self.qu +
                   payoffs[1:] * self.qd) * self.df

    return payoffs

def __begin_tree_traversal__(self):
    payoffs = self._initialize_payoffs_tree_()
    return self._traverse_tree_(payoffs)
def price(self):
    """ The pricing implementation """
    self.__setup_parameters__()
    self._initialize_stock_price_tree_()
    payoffs = self.__begin_tree_traversal__()

    return payoffs[0]  # Option value converges to first node
```

再次利用两期二叉树模型中的数据，计算欧式看跌期权价值：

```python
>>> from StockOption import StockOption
>>> from BinomialEuropeanOption import BinomialEuropeanOption
>>> eu_option = BinomialEuropeanOption
...     50, 50, 0.05, 0.5, 2,
...     {"pu": 0.2, "pd": 0.2, "is_call": False})
>>> print option.price()
4.82565175126
```

使用二叉树期权定价模型，得出欧式看跌期权现值为 4826 美元。

4.2.4 利用 BinomialTreeOption 类给美式期权定价

与欧式期权不同，美式期权可以在到期日前任何时间行权。用 Python 实现美式期权定价，需对 BinomialEuropeanOption 类执行相同操作，创建一个名为 BinomialTreeOption 的类。移除未使用的 M 参数，与_setup_parameters_方法中使用的参数保持相同。美式期权中使用的各种方法如下：

- ❑ _initialize_stock_price_tree_：此方法使用二维 NumPy 数组存储所有时间步长股票价格的预期收益。该信息用于计算每个期间行权的收益值。

- ❑ _initialize_payoffs_tree_：该方法将收益树创建为二维 NumPy 数组，以期权到期时的内在价值为起始点。

- ❑ __check_early_exercise__：该私有方法可在提前行权与不行权间返回最大收益值。

- ❑ _traverse_tree_：该方法可调用__check_early_exercise__方法以检查在任意时间步长中提前行权可获得的最佳收益。

__begin_tree_traversal__方法和 price 法是一样的。

当 params 字典对象的 is_eu 分别设置为 true 或 false 时，BinomialTreeOption 类可以对欧式和美式期权定价。将以下代码保存为文件 BinomialAmericanOption.py：

```
""" Price a European or American option by the binomial tree """
from StockOption import StockOption
import math
import numpy as np


class BinomialTreeOption(StockOption):

    def _setup_parameters_(self):
        self.u = 1 + self.pu  # Expected value in the up state
        self.d = 1 - self.pd  # Expected value in the down state
        self.qu = (math.exp((self.r-self.div)*self.dt) -
                   self.d)/(self.u-self.d)
        self.qd = 1-self.qu

    def _initialize_stock_price_tree_(self):
        # Initialize a 2D tree at T=0
        self.STs = [np.array([self.S0])]

        # Simulate the possible stock prices path
```

```
        for i in range(self.N):
            prev_branches = self.STs[-1]
            st = np.concatenate((prev_branches*self.u,
                                [prev_branches[-1]*self.d]))
            self.STs.append(st)  # Add nodes at each time step

    def _initialize_payoffs_tree_(self):
        # The payoffs when option expires
        return np.maximum(
            0, (self.STs[self.N]-self.K) if self.is_call
            else (self.K-self.STs[self.N]))

    def __check_early_exercise__(self, payoffs, node):
        early_ex_payoff = \
            (self.STs[node] - self.K) if self.is_call \
            else (self.K - self.STs[node])

        return np.maximum(payoffs, early_ex_payoff)

    def _traverse_tree_(self, payoffs):
        for i in reversed(range(self.N)):
            # The payoffs from NOT exercising the option
            payoffs = (payoffs[:-1] * self.qu +
                       payoffs[1:] * self.qd) * self.df

            # Payoffs from exercising, for American options
            if not self.is_european:
                payoffs = self.__check_early_exercise__(payoffs,
                                                         i)
        return payoffs

    def __begin_tree_traversal__(self):
        payoffs = self._initialize_payoffs_tree_()
        return self._traverse_tree_(payoffs)

    def price(self):
        self._setup_parameters_()
        self._initialize_stock_price_tree_()
        payoffs = self.__begin_tree_traversal__()

        return payoffs[0]
```

采用与欧式期权定价示例相同的变量，创建 BinomialTreeOption 类，对该美式期权定价：

```
>>> from BinomialAmericanOption import BinomialTreeOption
>>> am_option = BinomialTreeOption(
...     50, 50, 0.05, 0.5, 2,
...     {"pu": 0.2, "pd": 0.2, "is_call": False, "is_eu": False})
>>> print am_option.price()
5.11306008282
```

美式看跌期权的价格为 5. 113 美元。美式期权可以在到期日前任一时点行权，欧式期权只能在到期时行权，因此美式期权的灵活性使其价值不低于对等的欧式期权价值。

若美式看涨期权的标的资产为不支付股息的股票，其对欧式看涨期权可能没有额外的价值。根据货币的时间价值理论，期权到期前行权比以相同行权价格在未来某个时间行权收益更小。对于不分配股息的实值美式看涨期权，期权持有人没有提前行权的动机。

4. 2. 5　Cox-Ross-Rubinstein 模型

前例假设股票价格将分别增加和减少 20%。Cox-Ross-Rubinstein（CRR）模型提出，短期风险中性环境下二项模型中标的股票的均值和方差。标的股票波动性或股票回报标准差的表达式如下：

$$u = e^{\sigma\sqrt{\Delta t}}$$

$$d = \frac{1}{u}e^{-\sigma\sqrt{\Delta t}}$$

编写 BinomialCRROption 类

除模型参数 u 和 d 外，二项式 Cox-Ross-Rubinstein 模型与二叉树期权定价模型相同。在 Python 中创建一个名为 BinomialCORRUption 的类，用 CRR 模型中的值覆盖_setup_parameters_方法。

BinomialCRROption 对象调用 price 方法，该方法调用 BinomialTreeOption 类中除_setup_parameters_方法外的其他方法。

将以下代码保存为文件 BinomialCRROption. py：

```
""" Price an option by the binomial CRR model """
from BinomialTreeOption import BinomialTreeOption
import math


class BinomialCRROption(BinomialTreeOption):

    def _setup_parameters_(self):
        self.u = math.exp(self.sigma * math.sqrt(self.dt))
        self.d = 1./self.u
        self.qu = (math.exp((self.r-self.div)*self.dt) -
                   self.d)/(self.u-self.d)
        self.qd = 1-self.qu
```

用两期二叉树模型，假设一只无股息股票的当前价格为 50 美元，波动率为 30% 。

假设无风险利率为 5% ，到期期限 T 为 0.5 年。通过 CRR 模型计算行权价格 K 为 50 美元的欧式看跌期权价值的代码如下：

```
>>> from BinomialCRROption import BinomialTreeOption
>>> eu_option = BinomialCRROption(
...     50, 50, 0.05, 0.5, 2,
...     {"sigma": 0.3, "is_call": False})
>>> print "European put: %s" % eu_option.price()
European put: 3.1051473413
>>> am_option = BinomialCRROption(
...     50, 50, 0.05, 0.5, 2,
...     {"sigma": 0.3, "is_call": False, "is_eu": False})
>>> print "American put: %s" % am_option.price()
American put: 3.4091814964
```

4.2.6 Leisen-Reimer 模型

前述二项模型对股价上升和下降状态概率以及风险中性概率做出了假设。除具有 CRR 参数的二项式模型外，Jarrow-Rudd 参数化、Tian 参数化和 Leisen-Reimer 参数化也在数理金融领域有广泛应用。下面详细介绍 Leisen-Reimer 模型。

Leisen-Reimer 模型又称为 Leisen-Reimer（LR）树，是由 Dietmar Leisen 博士和 Matthias Reimer 博士提出的二叉树模型，通过步数的增加得出接近 Black-Scholes 模型的解，使用反演公式得到更准确的解。

公式的详细解释在 1995 年 3 月的《Binomial Models For Option Valuation-Examining And Improving Convergence》一文中给出，详见 http://papers.ssrn.com/sol3/papers.cfm?abstract_id=5976。

Peizer and Pratt 反演函数 f，其参数特征如下：

$$f(z,j(n)) = 0.5 \mp \left[0.25 - 0.25\exp\left\{ -\left(\frac{z}{n + \frac{1}{3} + \frac{0.1}{n+1}} \right)^2 \left(n + \frac{1}{6} \right) \right\} \right]^{\frac{1}{2}}$$

$$j(n) = \begin{cases} n, & \text{若 } n \text{ 为偶数} \\ n+1, & \text{若 } n \text{ 为奇数} \end{cases}$$

$$p' = f(d_1, j(n))$$

$$p = f(d_2, j(n))$$

$$d_1 = \frac{\log\left(\dfrac{S_0}{K}\right) + \left((r - y) + \dfrac{\sigma^2}{2}\right)T}{\sigma\sqrt{T}}$$

$$d_2 = \frac{\log\left(\dfrac{S_0}{K}\right) - \left((r - y) + \dfrac{\sigma^2}{2}\right)T}{\sigma\sqrt{T}}$$

$$u = \mathrm{e}^{(r-y)\Delta t \frac{p'}{p}}$$

$$d = \frac{\mathrm{e}^{(r-y)\Delta t} - pu}{1 - p}$$

其中参数 S_0 是股票当前价格，K 是期权行权价格，σ 是股票年波动率，T 是期权到期时间，r 是无风险利率，y 是股息收益率，Δt 是每个步骤时间间隔。

编写 BinomialLROption 类

Leisen-Reimer 模型的 Python 实现方法与编写 BinomialCRROption 类似，可以通过 BinomialTreeOption 类，使用 LR 树模型的_setup_parameters_法覆盖变量：

```
""" Price an option by the Leisen-Reimer tree """
from BinomialTreeOption import BinomialTreeOption
import math

class BinomialLROption(BinomialTreeOption):

    def _setup_parameters_(self):
        odd_N = self.N if (self.N%2 == 1) else (self.N+1)
        d1 = (math.log(self.S0/self.K) +
              ((self.r-self.div) +
               (self.sigma**2)/2.) *
              self.T) / (self.sigma * math.sqrt(self.T))
        d2 = (math.log(self.S0/self.K) +
              ((self.r-self.div) -
               (self.sigma**2)/2.) *
              self.T) / (self.sigma * math.sqrt(self.T))
        pp_2_inversion = \
            lambda z, n: \
            .5 + math.copysign(1, z) * \
            math.sqrt(.25 - .25 * math.exp(
                -((z/(n+1./3.+.1/(n+1)))**2.)*(n+1./6.)))
        pbar = pp_2_inversion(d1, odd_N)

        self.p = pp_2_inversion(d2, odd_N)
        self.u = 1/self.df * pbar/self.p
        self.d = (1/self.df - self.p*self.u)/(1-self.p)
        self.qu = self.p
        self.qd = 1-self.p
```

对于前述示例，我们可以使用 LR 模型为期权定价：

```
>>> from BinomialLROption import BinomialLROption
>>> eu_option = BinomialLROption(
...     50, 50, 0.05, 0.5, 3,
...     {"sigma": 0.3, "is_call": False})
>>> print "European put: %s" % eu_option.price()
European put: 3.56742999918
>>> am_option = BinomialLROption(
...     50, 50, 0.05, 0.5, 3,
...     {"sigma": 0.3, "is_call": False, "is_eu": False})
>>> print "American put: %s" % am_option.price()
American put: 3.66817910413
```

4.3　希腊值

通过二叉树模型，我们可以确定每个节点标的资产的价格，利用这些信息可以计算希腊值。

希腊值用于衡量期权等衍生品的价格敏感性，即相对于标的资产参数的变化，通常用希腊字母表示，如 alpha、beta、delta、gamma、vega、theta 和 rho。

与期权有关的两个特别重要的希腊值是 delta 和 gamma。Delta 衡量期权价格相对于标的资产价格的敏感性，Gamma 测量 Delta 相对于标的价格的变化率。

如下图所示，在原始两叉树模型初始位置添加两个节点，使其在时间上向后延伸两步成为一棵四叉树。即使有额外的终端收益节点，所有节点仍包含与原始两叉树相同的信息，期权价值位于 $t=0$ 处。

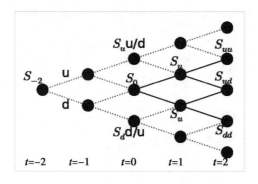

注意，在 $t=0$ 时，存在两个额外的节点，可以利用该信息计算 delta，如下所示：

$$delta = \frac{v_{up} - v_{down}}{S_0 u/d - S_0 d/u}$$

delta 公式表示标的资产价格上涨和下跌时期权价格的差异，即 $t = 0$ 时股票价格间的差额。

相反，伽马公式如下所示：

$$gamma = \frac{\dfrac{v_{up} - v_0}{S_{0,up} - S_0} - \dfrac{v_0 - v_{down}}{S_0 - S_{0,down}}}{\dfrac{S_0 + S_{0,up}}{2} - \dfrac{S_0 + S_{0,down}}{2}}$$

由伽玛公式可以看出，上行节点和下行节点期权价格与初始节点价格的增量差异，以各状态下股票价格的单位差异计算。

编写 BinomialLRWithGreeks 类

下面借助 Leisen-Reimer 模型实现希腊值的计算。我们编写一个名为 Binomi-alLRWithGreeks 的类，该类继承了实现 price 方法的 BinomialLROption 类。

price 方法通过调用父类 _setup_parameters_ 方法初始化所有 LR 树所需变量，本次还将调用 __new_stock_price_tree__ 方法，这是一种专用于在原始树周围创建额外节点的私有方法。

调用 __begin_tree_traversal__ 方法在父类中实现一般 Leisen-Reimer 模型的执行过程。返回的 NumPy 数组对象包含 $t = 0$ 时的三个节点信息，其中中间节点即期权价格。$t = 0$ 时上升和下降状态的收益分别在数组的第一个和最后一个索引中。

利用该信息，定价方法将计算并返回期权价格、delta 值和 gamma 值：

```python
""" Compute option price, delta and gamma by the LR tree """
from BinomialLROption import BinomialLROption
import numpy as np


class BinomialLRWithGreeks(BinomialLROption):

    def __new_stock_price_tree__(self):
        """
        Create additional layer of nodes to our
        original stock price tree
        """
        self.STs = [np.array([self.S0*self.u/self.d,
                              self.S0,
                              self.S0*self.d/self.u])]
```

```python
        for i in range(self.N):
            prev_branches = self.STs[-1]
            st = np.concatenate((prev_branches * self.u,
                                 [prev_branches[-1] * self.d]))
            self.STs.append(st)

    def price(self):
        self._setup_parameters_()
        self.__new_stock_price_tree__()
        payoffs = self.__begin_tree_traversal__()

        """ Option value is now in the middle node at t=0"""
        option_value = payoffs[len(payoffs)/2]

        payoff_up = payoffs[0]
        payoff_down = payoffs[-1]
        S_up = self.STs[0][0]
        S_down = self.STs[0][-1]
        dS_up = S_up - self.S0
        dS_down = self.S0 - S_down

        """ Get delta value """
        dS = S_up - S_down
        dV = payoff_up - payoff_down
        delta = dV/dS

        """ Get gamma value """
        gamma = ((payoff_up-option_value)/dS_up -
                 (option_value-payoff_down)/dS_down) / \
                ((self.S0+S_up)/2. - (self.S0+S_down)/2.)

        return option_value, delta, gamma
```

使用与 Leisen-Reimer 模型中相同的示例，我们可以计算具有 300 个时间步长的欧式看涨期权和看跌期权价值、希腊值：

```python
>>> from BinomialLRWithGreeks import BinomialLRWithGreeks
>>> eu_call = BinomialLRWithGreeks(
...     50, 50, 0.05, 0.5, 300, {"sigma": 0.3, "is_call": True})
>>> results = eu_call.price()
>>> print "European call values"
>>> print "Price: %s\nDelta: %s\nGamma: %s" % results
European call values
Price: 4.80386465741
Delta: 0.588801522182
Gamma: 0.0367367823884
>>> eu_put = BinomialLRWithGreeks(
...     50, 50, 0.05, 0.5, 300, {"sigma":0.3, "is_call": False})
>>> results = eu_put.price()
>>> print "European put values"
```

```
>>> print "Price: %s\nDelta: %s\nGamma: %s" % results
European put values
Price: 3.56936025883
Delta: -0.411198477818
Gamma: 0.0367367823884
```

结果显示，我们成功地在不增加计算复杂性前提下，通过改进二叉树模型获得了希腊值的更多信息。

4.4　三叉树期权定价模型

与二叉树模型类似，三叉树模型每个节点在下一时间步长通向三个节点。除上涨和下跌状态外，三叉树模型还拥有中间节点代表无变化状态。模型延展超过两个时间步长时，中间节点的值总与上一步中间节点值相同。

波义耳三叉树模型（Boyle trinomial tree）中，假设上涨、下跌和保持不变的概率分别为 u、d 和 m，风险中性概率分别为 q_u、q_d 和 q_m。

$$u = \mathrm{e}^{\sigma\sqrt{2\Delta t}}$$

$$d = \frac{1}{u}\mathrm{e}^{\sigma\sqrt{2\Delta t}}$$

$$m = ud = 1$$

$$q_u = \left(\frac{\mathrm{e}^{(r-v)\frac{\Delta t}{2}} - \mathrm{e}^{\sigma\sqrt{\frac{\Delta t}{2}}}}{\mathrm{e}^{\sigma\sqrt{\frac{\Delta t}{2}}} - \mathrm{e}^{-\sigma\sqrt{\frac{\Delta t}{2}}}}\right)^2$$

$$q_d = \left(\frac{\mathrm{e}^{\sigma\sqrt{\frac{\Delta t}{2}}} - \mathrm{e}^{(r-v)\frac{\Delta t}{2}}}{\mathrm{e}^{\sigma\sqrt{\frac{\Delta t}{2}}} - \mathrm{e}^{-\sigma\sqrt{\frac{\Delta t}{2}}}}\right)^2$$

$$q_m = 1 - q_u - q_d$$

可以看到，$ud = \mathrm{e}^{\sigma\sqrt{2\Delta t}}\mathrm{e}^{-\sigma\sqrt{2\Delta t}}$ 与 $m=1$ 重组，经过校准，m 以固定比率 1 而非无风险利率增长。变量 v 是股息收益率，σ 是标的股票波动率。一般来说，随着待处理节点数量增加，三叉树模型比二叉树所需时间更短，加快了计算速度。参见下图：

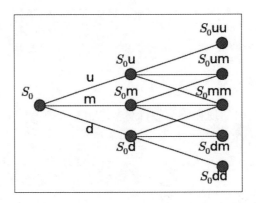

编写 TrinomialTreeOption 类

下面给出 Python 实现三叉树模型的方法。

TrinomialTreeOption 类继承自 BinomialTreeOption 类。_setup_parameters_方法
将实现三叉树的模型参数；_initialize_stock_price_tree_方法将建立三叉树模型，
包括股票价格不变的情况；_traverse_tree_方法在结果贴现后将中间节点纳入考虑
范围。将此文件另存为 TrinomialTreeOption. py：

```python
""" Price an option by the Boyle trinomial tree """
from BinomialTreeOption import BinomialTreeOption
import math
import numpy as np


class TrinomialTreeOption(BinomialTreeOption):

    def _setup_parameters_(self):
        """ Required calculations for the model """
        self.u = math.exp(self.sigma*math.sqrt(2.*self.dt))
        self.d = 1/self.u
        self.m = 1
        self.qu = ((math.exp((self.r-self.div) *
                            self.dt/2.) -
                  math.exp(-self.sigma *
                            math.sqrt(self.dt/2.))) /
                  (math.exp(self.sigma *
                            math.sqrt(self.dt/2.)) -
                  math.exp(-self.sigma *
                            math.sqrt(self.dt/2.))))**2
        self.qd = ((math.exp(self.sigma *
                            math.sqrt(self.dt/2.)) -
                  math.exp((self.r-self.div) *
                            self.dt/2.)) /
                  (math.exp(self.sigma *
```

```
                            math.sqrt(self.dt/2.)) -
                math.exp(-self.sigma *
                        math.sqrt(self.dt/2.))))**2.

        self.qm = 1 - self.qu - self.qd

    def _initialize_stock_price_tree_(self):
        """ Initialize a 2D tree at t=0 """
        self.STs = [np.array([self.S0])]

        for i in range(self.N):
            prev_nodes = self.STs[-1]
            self.ST = np.concatenate(
                (prev_nodes*self.u, [prev_nodes[-1]*self.m,
                                    prev_nodes[-1]*self.d]))
            self.STs.append(self.ST)

    def _traverse_tree_(self, payoffs):
        """ Traverse the tree backwards """
        for i in reversed(range(self.N)):
            payoffs = (payoffs[:-2] * self.qu +
                        payoffs[1:-1] * self.qm +
                        payoffs[2:] * self.qd) * self.df

            if not self.is_european:
                payoffs = self.__check_early_exercise__(payoffs,
                                                        i)

        return payoffs
```

使用与二叉树模型相同的示例，得到以下结果：

```
>>> from TrinomialTreeOption import TrinomialTreeOption
>>> eu_put = TrinomialTreeOption(
...     50, 50, 0.05, 0.5, 2,
>>> {"sigma": 0.3, "is_call": False})
>>> print "European put: %s" % eu_put.price()
European put: 3.33090549176
>>> am_option = TrinomialTreeOption(
...     50, 50, 0.05, 0.5, 2,
>>> {"sigma": 0.3, "is_call": False, "is_eu": False})
>>> print "American put: %s" % am_option.price()
American put: 3.482414539021
```

欧式和美式看跌期权价格分别为 3.33 美元和 3.48 美元。

4.5 期权定价中的 Lattice 方法

二叉树和三叉树模型中的每个节点都与其他节点重新组合，重组树的属性也可以表示为网格（Lattice），无需重新计算和存储重组节点，节省内存。

4.5.1 二叉树网格

根据二项 Cox-Ross-Rubinstein 树创建二叉树网格，每个上下节点，价格以相同概率 $ud = 1$ 重组。下图中，S_u 和 S_d 与 $S_{du} = S_u d = S_0$ 重组。现在可以将树表示为一个单列列表：

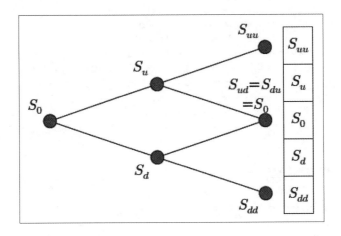

N 阶二项式需要 $2N + 1$ 行的列表记录标的股票价格信息。对于欧式期权，列表中的奇数节点表示期权到期时的价值；对于美式期权，由于可以提前行权，列表中奇数节点代表其对应的时间节点的期权价值。

4.5.2 编写 BinomialCRROption 类

下面借助 Cox-Ross-Rubinstein 模型通过 Lattice 方法实现二叉树模型。我们可以继承 BinomialCRROption 类（继承自 BinomialTreeOption 类），并创建一个名为 BinomialCRRLattice 的新类。下述方法保留其他定价方法特点并引入 Lattice：

❑ _setup_parameters_：重新编写该方法，初始化父类的 CRR 参数并设置新变量 M 作为列表大小。

❑ _initialize_stock_price_tree_：重新编写该方法将一维 NumPy 数组设置成大

小为 M 的网格。

☐ _initialize_payoffs_tree_和__check_early_exercise__：重新编写该方法将结果限定在奇数节点。

将下面代码保存到名为 BinomialCRRLattice. py 的文件：

```
""" Price an option by the binomial CRR lattice """
from BinomialCRROption import BinomialCRROption
import numpy as np


class BinomialCRRLattice(BinomialCRROption):

    def _setup_parameters_(self):
        super(BinomialCRRLattice, self)._setup_parameters_()
        self.M = 2*self.N + 1

    def _initialize_stock_price_tree_(self):
        self.STs = np.zeros(self.M)
        self.STs[0] = self.S0 * self.u**self.N

        for i in range(self.M)[1:]:
            self.STs[i] = self.STs[i-1]*self.d

    def _initialize_payoffs_tree_(self):
        odd_nodes = self.STs[::2]
        return np.maximum(
            0, (odd_nodes - self.K) if self.is_call
            else(self.K - odd_nodes))

    def __check_early_exercise__(self, payoffs, node):
        self.STs = self.STs[1:-1]   # Shorten the ends of the list
        odd_STs = self.STs[::2]
        early_ex_payoffs = \
            (odd_STs-self.K) if self.is_call \
            else (self.K-odd_STs)
        payoffs = np.maximum(payoffs, early_ex_payoffs)

        return payoffs
```

使用 CRR 模型示例的股票信息，用 Lattice 方法对欧式和美式看跌期权定价：

```
>>> from BinomialCRRLattice import BinomialCRRLattice
>>> eu_option = BinomialCRRLattice(
...     50, 50, 0.05, 0.5, 2,
...     {"sigma": 0.3, "is_call": False})
>>> print "European put: %s" % eu_option.price()
European put: 3.1051473413
>>> am_option = BinomialCRRLattice(
...     50, 50, 0.05, 0.5, 2,
```

```
...      {"sigma": 0.3, "is_call": False, "is_eu": False})
>>> print "American put: %s" % am_option.price()
American put: 3.4091814964
```

4.5.3　三叉树网格

三叉树网格与二叉树网格的原理类似。每个节点都要与其他节点重新组合，因此三叉树网格无需从列表中提取奇数节点。列表大小与二叉树网格列表大小相同，因此三叉树网格模型没有额外的存储需求，如下图所示：

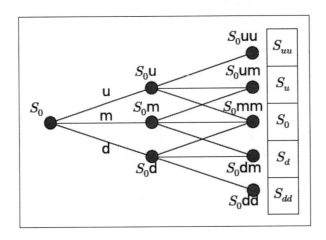

编写 TrinomialLattice 类

我们创建一个名为 TrinomialLattice 的类，该类继承自 TrinomialTreeOption 类，以实现三叉树网格。

与编写 BinomialCRRLattice 类相同，_setup_parameters_、_initialize_stock_price_tree_、_initialize_payoffs_tree_ 和__check_early_exercise__方法将重新编写，把结果限定在奇数节点：

```
""" Price an option by the trinomial lattice """
from TrinomialTreeOption import TrinomialTreeOption
import numpy as np


class TrinomialLattice(TrinomialTreeOption):

    def _setup_parameters_(self):
        super(TrinomialLattice, self)._setup_parameters_()
        self.M = 2*self.N+1

    def _initialize_stock_price_tree_(self):
```

```
        self.STs = np.zeros(self.M)
        self.STs[0] = self.S0 * self.u**self.N

        for i in range(self.M)[1:]:
            self.STs[i] = self.STs[i-1]*self.d

    def _initialize_payoffs_tree_(self):
        return np.maximum(
            0, (self.STs-self.K) if self.is_call
            else(self.K-self.STs))

    def __check_early_exercise__(self, payoffs, node):
        self.STs = self.STs[1:-1]  # Shorten the ends of the list
        early_ex_payoffs = \
            (self.STs-self.K) if self.is_call \
            else(self.K-self.STs)
        payoffs = np.maximum(payoffs, early_ex_payoffs)

        return payoffs
```

根据前述例题，使用三叉树网格模型对欧式和美式期权定价：

```
>>> from TrinomialLattice import TrinomialLattice
>>> eu_option = TrinomialLattice(
...     50, 50, 0.05, 0.5, 2,
...     {"sigma": 0.3, "is_call":False})
>>> print "European put: %s" % eu_option.price()
European put: 3.33090549176
>>> am_option = TrinomialLattice(
...     50, 50, 0.05, 0.5, 2,
>>> {"sigma": 0.3, "is_call": False, "is_eu": False})
>>> print "American put: %s" % am_option.price()
American put: 3.48241453902
```

该结果与三叉树期权定价模型结果一致。

4.6　有限差分法

有限差分法与三叉树期权定价类似，每个节点都有三个分支节点。有限差分是对 Black-Scholes 偏微分方程（Black-Scholes Partial Differential Equation，PDE）框架的应用（涉及函数及其偏导数）。其中价格函数 $S(t)$ 是 $f(S, t)$ 的函数，r 是无风险利率，t 为到期时间，σ 是标的资产波动率：

$$rf = \frac{\mathrm{d}f}{\mathrm{d}t} + rS\frac{\mathrm{d}f}{\mathrm{d}S} + \frac{1}{2}\sigma^2 S^2 \frac{\mathrm{d}^2 f}{\mathrm{d}t^2}$$

相较于 Lattice 方法，有限差分法收敛速度更快，且对奇异期权的计算精度更高。

为实现有限差分法求解 PDE，需要建立大小为 M 乘 N 的离散时间网格以反映资产价格随时间的变动，使 S 和 t 在每个点取值如下所示：

$$S = 0, \mathrm{d}S, 2\mathrm{d}S, 3\mathrm{d}S, \cdots, (M-1)\mathrm{d}S, S_{\max}$$

$$t = 0, \mathrm{d}t, 2\mathrm{d}t, 3\mathrm{d}t, \cdots, (N-1)\mathrm{d}t, T$$

上述公式遵循网格符号 $f_{i,j} = f(i\mathrm{d}S, j\mathrm{d}t)$，$S_{\max}$ 是股票到期不能达到的资产价格。$\mathrm{d}S$ 和 $\mathrm{d}t$ 是网格中每个节点间的间隔，分别随价格和时间增加。对于每个 S，到期时间 T 的终止条件为 $\max(S-K, 0)$（看涨期权）、$\max(K-S, 0)$（看跌期权），行权价格为 K。通过对早期行权的回报等边界条件的限定，利用 PDE 迭代，网格从终端条件向后递推计算其他网格的值。

网格如下图所示。当 i 和 j 从网格左上角增加时，价格 S 趋向于网格右下角的 $S_{\max}$（价格最大值）：

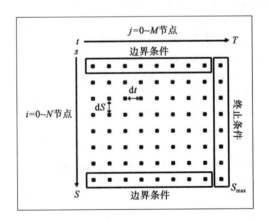

PDE 的多种实现方法如下：

❑ 前向差分：

$$\frac{\mathrm{d}f}{\mathrm{d}S} = \frac{f_{i+1,j} - f_{i,j}}{\mathrm{d}S}, \quad \frac{\mathrm{d}f}{\mathrm{d}t} = \frac{f_{i,j+1} - f_{i,j}}{\mathrm{d}t}$$

❑ 后向差分：

$$\frac{\mathrm{d}f}{\mathrm{d}S} = \frac{f_{i,j} - f_{i-1,j}}{\mathrm{d}S}, \quad \frac{\mathrm{d}f}{\mathrm{d}t} = \frac{f_{i,j} - f_{i,j-1}}{\mathrm{d}t}$$

❑ 中心或对称差分：

$$\frac{\mathrm{d}f}{\mathrm{d}S} = \frac{f_{i+1,j} - f_{i-1,j}}{2\mathrm{d}S}, \quad \frac{\mathrm{d}f}{\mathrm{d}t} = \frac{f_{i,j+1} - f_{i,j-1}}{2\mathrm{d}t}$$

❑ 二阶导数：

$$\frac{\mathrm{d}^2 f}{\mathrm{d}S^2} = \frac{f_{i+1,j} - 2f_{i,j} + f_{i-1,j}}{\mathrm{d}S^2}$$

一旦设置边界条件，我们就可以使用显式、隐式或 Crank-Nicolson 方法进行迭代。

4.6.1 显式方法

求近似 $f_{i,j}$ 的显式方法如下所示：

$$rf_{i,j} = \frac{f_{i,j} - f_{i,j-1}}{\mathrm{d}t} + ri\mathrm{d}S\frac{f_{i+1,j} - f_{i-1,j}}{2\mathrm{d}s} + \frac{1}{2}\sigma^2 j^2 \frac{f_{i+1,j} + f_{i-1,j}}{\mathrm{d}S^2}$$

可以看出，第一项是相对于 t 的反向差，第二项是相对于 S 的中心差，第三项是相对于 S 的二阶差。重新排列上式，得到如下等式：

$$f_{i,j} = a_i^* f_{i-1,j+1} + b_i^* f_{i,j+1} + c_i^* f_{i+1,j+1}$$

其中 $j = N-1$，$N-2$，$N-3$，$\cdots$，2，1，0，且 $i = 1, 2, 3, \cdots, M-2, M-1$：

$$a_i^* = \frac{1}{2}\mathrm{d}t(\sigma^2 i^2 - ri)$$

$$b_i^* = 1 - \mathrm{d}t(\sigma^2 i^2 - ri)$$

$$c_i^* = \frac{1}{2}\mathrm{d}t(\sigma^2 i^2 + ri)$$

显式迭代方法可以由下图表示：

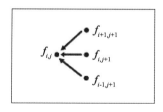

1. 编写 FiniteDifferences 类

用 Python 实现有限差分的显式、隐式和 Crank-Nicolson 方法，首先需编写一个可以继承三种方法公共属性和函数的父类。

创建一个名为 FiniteDifferences 的类，该类接受并分配 __init__ 构造方法中所有必需的参数，并保存为 FiniteDifferences. py。

price 方法是调用特定有限差分方案的公共方法，它将按以下顺序调用：

_setup_boundary_conditions、_setup_coefficients_、_traverse_grid_ 和_interpolate_。
这些方法解释如下：

❑ _setup_boundary_conditions_：将网格结构的边界条件设置为 NumPy 二
  维数组。

❑ _setup_coefficients_：设置遍历网格结构的必要系数。

❑ _traverse_grid_：在时间上向后迭代网格结构，将计算的值存储到网格第
  一列。

❑ _interpolate_：使用网格第一列的计算值，通过内插法找到接近初始股票
  价格 S_0 的期权价格。

上述方法都是受保护的，可能会被派生类重写。关键字 pass 不起任何作用；
派生类可以实现这些函数：

```python
""" Shared attributes and functions of FD """
import numpy as np


class FiniteDifferences(object):

    def __init__(self, S0, K, r, T, sigma, Smax, M, N,
                 is_call=True):
        self.S0 = S0
        self.K = K
        self.r = r
        self.T = T
        self.sigma = sigma
        self.Smax = Smax
        self.M, self.N = int(M), int(N)   # Ensure M&N are integers
        self.is_call = is_call

        self.dS = Smax / float(self.M)
        self.dt = T / float(self.N)
        self.i_values = np.arange(self.M)
        self.j_values = np.arange(self.N)
        self.grid = np.zeros(shape=(self.M+1, self.N+1))
        self.boundary_conds = np.linspace(0, Smax, self.M+1)

    def _setup_boundary_conditions_(self):
        pass

    def _setup_coefficients_(self):
        pass

    def _traverse_grid_(self):
        """ Iterate the grid backwards in time """
```

```
            pass

    def _interpolate_(self):
        """
        Use piecewise linear interpolation on the initial
        grid column to get the closest price at S0.
        """
        return np.interp(self.S0,
                         self.boundary_conds,
                         self.grid[:, 0])
    def price(self):
        self._setup_boundary_conditions_()
        self._setup_coefficients_()
        self._traverse_grid_()
        return self._interpolate_()
```

2. 编写 FDExplicitEu 类

Python 实现有限差分的显式方法可借助 FDExplicitEu 类实现，它继承自
FiniteDifferences类，可覆盖所需的实现方法。将此文件存为 FDExplicitEu. py：

```
""" Explicit method of Finite Differences """
import numpy as np

from FiniteDifferences import FiniteDifferences


class FDExplicitEu(FiniteDifferences):

    def _setup_boundary_conditions_(self):
        if self.is_call:
            self.grid[:, -1] = np.maximum(
                self.boundary_conds - self.K, 0)
            self.grid[-1, :-1] = (self.Smax - self.K) * \
                                 np.exp(-self.r *
                                        self.dt *
                                        (self.N-self.j_values))
        else:
            self.grid[:, -1] = \
                np.maximum(self.K-self.boundary_conds, 0)
            self.grid[0, :-1] = (self.K - self.Smax) * \
                                np.exp(-self.r *
                                       self.dt *
                                       (self.N-self.j_values))

    def _setup_coefficients_(self):
        self.a = 0.5*self.dt*((self.sigma**2) *
                              (self.i_values**2) -
                              self.r*self.i_values)
        self.b = 1 - self.dt*((self.sigma**2) *
```

```
                                (self.i_values**2) +
                                self.r)
        self.c = 0.5*self.dt*((self.sigma**2) *
                              (self.i_values**2) +
                              self.r*self.i_values)

    def _traverse_grid_(self):
        for j in reversed(self.j_values):
            for i in range(self.M)[2:]:
                self.grid[i,j] = self.a[i]*self.grid[i-1,j+1] +\
                                 self.b[i]*self.grid[i,j+1] + \
                                 self.c[i]*self.grid[i+1,j+1]
```

遍历网格结构，第一列包含 $t = 0$ 时资产价格初始值。NumPy 的 interp 函数用插值法得出期权近似价值。

除最常见的线性插值法外，样条差值或三次样条差值等方法也可用于计算期权近似值。

假设一个欧式看跌期权标的股票价格为 50 美元，波动率为 40%，到期时间为 5 个月，行权价格为 50 美元，无风险利率为 10%。

使用显式方法对该期权定价，$S_{max} = 100$，$M = 1000$，$N = 100$：

```
>>> from FDExplicitEu import FDExplicitEu
>>> option = FDExplicitEu(50, 50, 0.1, 5./12., 0.4, 100, 100,
...                       1000, False)
>>> print option.price()
4.07288227815
```

若 M 和 N 选择不正确会发生什么？

```
>>> option = FDExplicitEu(50, 50, 0.1, 5./12., 0.4, 100, 100,
...                       100, False)
>>> print option.price()
-1.62910770723e+53
```

由此可见，有限差分的显式方法不稳定。

4.6.2　隐式方法

显式方法的不稳定性可以通过对时间的前向差分克服。求近似 $f_{i,j}$ 的隐式方法如下所示：

$$rf_{i,j} = \frac{f_{i,j+1} - f_{i,j}}{\mathrm{d}t} + rid S\frac{f_{i+1,j} - f_{i-1,j}}{2\mathrm{d}S} + \frac{1}{2}\sigma^2 j^2 \frac{f_{i+1,j} - 2f_{i,j} + f_{i-1,j}}{\mathrm{d}S^2}$$

可以看出，隐式和显式近似方案唯一差别是第一项。重新排列上式，得出以下等式：

$$f_{i,j+1} = a_j f_{i-1,j} + b_j f_{i,j} + c_j f_{i+1,j}$$

其中 $j = N-1,\ N-2,\ N-3,\ \cdots,\ 2,\ 1,\ 0$，且 $i = 1,\ 2,\ 3,\ \cdots,\ M-2,\ M-1$。

$$a_i = \frac{1}{2}(ri\mathrm{d}t - \sigma^2 i^2 \mathrm{d}t)$$

$$b_i = 1 + \sigma^2 i^2 \mathrm{d}t + r\mathrm{d}t$$

$$c_i = -\frac{1}{2} + (ri\mathrm{d}t + \sigma^2 i^2 \mathrm{d}t)$$

隐式方案的迭代方法由下图表示：

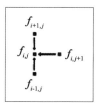

可以看到，网格向后遍历时，下步迭代前需要计算 $j+1$ 的值。隐式方案中，每次迭代时网格可视作线性方程组，如下所示：

$$
\begin{bmatrix}
b_1 & c_1 & 0 & 0 & 0 & 0 \\
a_2 & b_2 & c_2 & 0 & 0 & 0 \\
0 & 0 & b_3 & \cdots & 0 & 0 \\
\vdots & \vdots & \vdots & \ddots & \vdots & \vdots \\
0 & 0 & 0 & a_{M-2} & b_{M-2} & c_{M-2} \\
0 & 0 & 0 & 0 & a_{M-1} & b_{M-1}
\end{bmatrix}
\begin{bmatrix}
f_{1,j} \\
f_{2,j} \\
f_{3,j} \\
\vdots \\
f_{M-2,j} \\
f_{M-1,j}
\end{bmatrix}
+
\begin{bmatrix}
a_1 f_{0,j} \\
0 \\
0 \\
\vdots \\
0 \\
C_{M-1} f_{M,j}
\end{bmatrix}
=
\begin{bmatrix}
f_{1,j+1} \\
f_{2,j+1} \\
f_{3,j+1} \\
\vdots \\
f_{M-2,j+1} \\
f_{M-1,j+1}
\end{bmatrix}
$$

重新排列上式，得出以下等式：

$$
\begin{bmatrix}
b_1 & c_1 & 0 & 0 & 0 & 0 \\
a_2 & b_2 & c_2 & 0 & 0 & 0 \\
0 & 0 & b_3 & \cdots & 0 & 0 \\
\vdots & \vdots & \vdots & \ddots & \vdots & \vdots \\
0 & 0 & 0 & a_{M-2} & b_{M-2} & c_{M-2} \\
0 & 0 & 0 & 0 & a_{M-1} & b_{M-1}
\end{bmatrix}
\begin{bmatrix}
f_{1,j} \\
f_{2,j} \\
f_{3,j} \\
\vdots \\
f_{M-2,j} \\
f_{M-1,j}
\end{bmatrix}
=
\begin{bmatrix}
f_{1,j+1} \\
f_{2,j+1} \\
f_{3,j+1} \\
\vdots \\
f_{M-2,j+1} \\
f_{M-1,j+1}
\end{bmatrix}
-
\begin{bmatrix}
a_1 f_{0,j} \\
0 \\
0 \\
\vdots \\
0 \\
C_{M-1} f_{M-j}
\end{bmatrix}
$$

线性方程组以 $Ax = B$ 的形式表示，每次迭代时需求解 x 的值。由于矩阵 A 是对角矩阵，可以使用 LU 分解求解线性方程组，其中 $A = LU$。

编写 FDImplicitEu 类

Python 实现隐式方案的方法由 FDImplicitEu 类给出。我们可以继承 FDExplicitEu 类中的显式方法，并覆盖_setup_coefficients_和_traverse_grid_方法：

```python
"""
Price a European option by the implicit method
of finite differences.
"""
import numpy as np
import scipy.linalg as linalg

from FDExplicitEu import FDExplicitEu


class FDImplicitEu(FDExplicitEu):

    def _setup_coefficients_(self):
        self.a = 0.5*(self.r*self.dt*self.i_values -
                        (self.sigma**2)*self.dt*(self.i_values**2))
        self.b = 1 + \
                (self.sigma**2)*self.dt*(self.i_values**2) + \
                self.r*self.dt
        self.c = -0.5*(self.r * self.dt*self.i_values +
                        (self.sigma**2)*self.dt*(self.i_values**2))
        self.coeffs = np.diag(self.a[2:self.M], -1) + \
                np.diag(self.b[1:self.M]) + \
                np.diag(self.c[1:self.M-1], 1)

    def _traverse_grid_(self):
        """ Solve using linear systems of equations """
        P, L, U = linalg.lu(self.coeffs)
        aux = np.zeros(self.M-1)

        for j in reversed(range(self.N)):
            aux[0] = np.dot(-self.a[1], self.grid[0, j])
            x1 = linalg.solve(L, self.grid[1:self.M, j+1]+aux)
            x2 = linalg.solve(U, x1)
            self.grid[1:self.M, j] = x2
```

借助显式方法的示例，使用隐式方法对欧式看跌期权定价：

```python
>>> from FDImplicitEu import FDImplicitEu
>>> option = FDImplicitEu(50, 50, 0.1, 5./12., 0.4, 100, 100,
...                        100, False)
>>> print option.price()
4.06580193943
```

```
>>> option = FDImplicitEu(50, 50, 0.1, 5./12., 0.4, 100, 100,
...                            1000, False)
>>> print option.price()
4.07159418805
```

输入给定的参数，可以看出隐式方案不存在稳定性问题。

4.6.3　Crank-Nicolson 方法

Crank-Nicolson 方法也可避免显式方法的不稳定性，它结合显式和隐式方法，得到收敛速度更快的平均方法。其等式如下：

$$\frac{1}{2}rf_{i,j-1} + \frac{1}{2}rf_{i,j} = \frac{f_{i,j} - f_{i,j-1}}{\mathrm{d}t}\frac{1}{2}ri\mathrm{d}S\left(\frac{f_{i+1,j-1} - f_{i-1,j-1}}{2\mathrm{d}S}\right) + \frac{1}{2}ri\mathrm{d}S\left(\frac{f_{i+1,j} - f_{i-1,j}}{2\mathrm{d}S}\right)$$

$$+ \frac{1}{4}\sigma^2 i^2 \mathrm{d}S^2\left(\frac{f_{i+1,j-1} - 2f_{i,j-1} + f_{i-1,j-1}}{\mathrm{d}S^2}\right)$$

$$+ \frac{1}{4}\sigma^2 i^2 \mathrm{d}S^2\left(\frac{f_{i+1,j} - 2f_{i,j} + f_{i-1,j}}{\mathrm{d}S^2}\right)$$

该方程式也可以改写成如下形式：

$$-\alpha_i f_{i-1,j-1} + (1 - \beta_i)f_{i,j-1} - \gamma f_{i+1,j-1} = \alpha_i f_{i-1,j} + (1 - \beta_i)f_{i,j-1} - \gamma f_{i+1,j}$$

其中：

$$a_i = \frac{\mathrm{d}t}{4}(\sigma^2 i^2 - ri)$$

$$\beta_i = \frac{\mathrm{d}t}{2}(\sigma^2 i^2 + ri)$$

$$\gamma_i = \frac{\mathrm{d}t}{4}(\sigma^2 i^2 + ri)$$

隐式方案的迭代方法可以由下图表示：

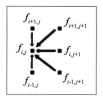

将方程视为矩阵形式的线性方程组：

$$M_1 f_{j-1} = M_2 f_j$$

其中：

$$M_1 = \begin{bmatrix} 1-\beta_1 & -\gamma_1 & 0 & 0 & 0 & 0 \\ -\alpha_2 & 1-\beta_2 & -\gamma_2 & 0 & 0 & 0 \\ 0 & -\alpha_3 & 1-\beta_3 & -\gamma_3 & 0 & 0 \\ 0 & 0 & \ddots & \ddots & \ddots & 0 \\ 0 & 0 & 0 & -\alpha_{M-2} & 1-\beta_{M-2} & -\gamma_{M-2} \\ 0 & 0 & 0 & 0 & -\alpha_{M-1} & 1-\beta_{M-1} \end{bmatrix}$$

$$M_2 = \begin{bmatrix} 1+\beta_1 & \gamma_1 & 0 & 0 & 0 & 0 \\ \alpha_2 & 1+\beta_2 & \gamma_2 & 0 & 0 & 0 \\ 0 & \alpha_3 & 1+\beta_3 & -\gamma_3 & 0 & 0 \\ 0 & 0 & \ddots & \ddots & \ddots & 0 \\ 0 & 0 & 0 & \alpha_{M-2} & 1+\beta_{M-2} & \gamma_{M-2} \\ 0 & 0 & 0 & 0 & \alpha_{M-1} & 1+\beta_{M-1} \end{bmatrix}$$

$$f_i = \left[f_{1,j}, f_{2,j}, \ldots, f_{M1-1,j}\right]^{\mathrm{T}}$$

我们可以在每次迭代中求解矩阵 M。

编写 FDCnEu 类

Python 实现 Crank-Nicolson 方法由 FDCnEu 类给出，该类继承了 FDExplicitEu 类，且只覆盖_setup_coefficients_和_traverse_grid_方法。将此文件保存为FDCnEu. py：

```python
""" Crank-Nicolson method of Finite Differences """
import numpy as np
import scipy.linalg as linalg

from FDExplicitEu import FDExplicitEu


class FDCnEu(FDExplicitEu):

    def _setup_coefficients_(self):
        self.alpha = 0.25*self.dt*(
            (self.sigma**2)*(self.i_values**2) -
            self.r*self.i_values)
        self.beta = -self.dt*0.5*(
            (self.sigma**2)*(self.i_values**2) +
            self.r)
        self.gamma = 0.25*self.dt*(
            (self.sigma**2)*(self.i_values**2) +
```

```
            self.r*self.i_values)
        self.M1 = -np.diag(self.alpha[2:self.M], -1) + \
                np.diag(1-self.beta[1:self.M]) - \
                np.diag(self.gamma[1:self.M-1], 1)
        self.M2 = np.diag(self.alpha[2:self.M], -1) + \
                np.diag(1+self.beta[1:self.M]) + \
                np.diag(self.gamma[1:self.M-1], 1)

    def _traverse_grid_(self):
        """ Solve using linear systems of equations """
        P, L, U = linalg.lu(self.M1)

        for j in reversed(range(self.N)):
            x1 = linalg.solve(L,
                            np.dot(self.M2,
                                    self.grid[1:self.M, j+1]))
            x2 = linalg.solve(U, x1)
            self.grid[1:self.M, j] = x2
```

借助显式和隐式方法的示例，使用 Crank-Nicolson 方法为不同时间间隔的欧式看跌期权定价：

```
>>> from FDCnEu import FDCnEu
>>> option = FDCnEu(50, 50, 0.1, 5./12., 0.4, 100, 100,
...                 100, False)
>>> print option.price()
4.072254508
>>> option = FDCnEu(50, 50, 0.1, 5./12., 0.4, 100, 100,
...                 1000, False)
>>> print option.price()
4.07223835449
```

可以看出，Crank-Nicolson 方法不仅避免了显式方案的不稳定性问题，收敛速度也比显式和隐式方法更快。相比于 Crank-Nicolson 方法，隐式方法得出近似结果需要更多的迭代次数或更大的 N 值。

4.6.4　奇异障碍期权定价

有限差分法非常适用于奇异期权定价。边界条件由期权的性质得出。

本节我们利用 Crank-Nicolson 有限差分法为一个下降出局障碍期权（down-and-outbarrier option）定价，同时引入其他分析方法（如蒙特·卡罗方法）进行辅助计算。

1. 下降出局期权

在期权到期时间内,如果标的资产价格低于障碍期权价格 Sbarrier,该期权视为无价值。在网格中有限差分方案代表所有可能的价格点,所以只需考虑以下价格范围的节点:

$$S_{\text{barrier}} \leqslant S_t \leqslant S_{\text{max}}$$

将边界条件设置如下:

$$f(S_{\text{max}}, t) = 0$$

$$f(S_{\text{barrier}}, t) = 0$$

2. 编写 FDCnDo 类

创建一个名为 FDCnDo 的类,该类继承自 FDCnEu 类。我们可以用构造法确定障碍价格,FDCnEu 类中 Crank-Nicolson 的其余部分保持不变:

```
"""
Price a down-and-out option by the Crank-Nicolson
method of finite differences.
"""
import numpy as np

from FDCnEu import FDCnEu


class FDCnDo(FDCnEu):

    def __init__(self, S0, K, r, T, sigma, Sbarrier, Smax, M, N,
                 is_call=True):
        super(FDCnDo, self).__init__(
            S0, K, r, T, sigma, Smax, M, N, is_call)
        self.dS = (Smax-Sbarrier)/float(self.M)
        self.boundary_conds = np.linspace(Sbarrier,
                                          Smax,
                                          self.M+1)
        self.i_values = self.boundary_conds/self.dS
```

假设一个下降出局期权,标的股票价格为 50 美元,波动率为 40%,行权价格为 50 美元,期满时间为 5 个月,无风险利率为 10%,障碍价格是 40 美元。

设 $S_{\text{max}} = 100$, $M = 120$, $N = 500$,通过以下代码实现看涨和看跌下降出局期权定价:

```
>>> from FDCnDo import FDCnDo
>>> option = FDCnDo(50, 50, 0.1, 5./12., 0.4, 40, 100, 120, 500)
>>> print option.price()
```

```
5.49156055293
>>> option = FDCnDo(50, 50, 0.1, 5./12., 0.4, 40, 100, 120, 500,
...                        False)
>>> print option.price()
0.541363502895
```

看涨和看跌下降出局期权价格分别为 5.4916 美元和 0.5414 美元。

4.6.5　美式期权定价的有限差分

目前我们已经学习了欧式期权和奇异期权。由于美式期权可以提前行权，其定价方法更为复杂。隐式 Crank-Nicolson 方法计算当期提权行权的收益时会将前期提前行权的收益考虑在内，可以用 Gauss-Siedel 迭代法对美式期权定价。

第 2 章探讨了以 $Ax = B$ 矩阵形式求解线性方程组的 Gauss-Seidel 方法，矩阵 A 分解为 $A = L + U$，其中 L 是下三角矩阵，U 是上三角矩阵。以 4×4 的矩阵 A 为例：

$$A = \begin{bmatrix} a & b & c & d \\ e & f & g & h \\ i & j & k & l \\ m & n & o & p \end{bmatrix} = \begin{bmatrix} a & 0 & 0 & 0 \\ e & f & 0 & 0 \\ i & j & k & 0 \\ m & n & o & p \end{bmatrix} + \begin{bmatrix} 0 & b & c & d \\ 0 & 0 & g & h \\ 0 & 0 & 0 & l \\ 0 & 0 & 0 & 0 \end{bmatrix}$$

如以下迭代求解：

$$Ax = B$$
$$(L + U)x = B$$
$$Lx = B - Ux$$
$$x_{n+1} = L^{-1}(B - Ux)$$

将 Gauss-Siedel 迭代法用于 Crank-Nicolson 方法：

$$r_j = M_1 f_{j-1} = M_2 f_j + \alpha_1 \begin{bmatrix} f_{0,j-1} + f_{0,j} \\ 0 \\ \vdots \\ 0 \end{bmatrix}$$

该方程满足提前行权方程：

$$f_{i,j-1} = \max(f_{i,j-1}, K - idS)$$

编写 FDCnAm 类

创建一个名为 FDCnAm 的类，继承自 Crank-Nicolson 方法中为欧式期权定价的 FDCnEu 类。_setup_coefficients_ 方法可以重复使用，同时覆盖其他方法，包括任何可能的提权行权收益：

```python
""" Price an American option by the Crank-Nicolson method """
import numpy as np
import sys

from FDCnEu import FDCnEu


class FDCnAm(FDCnEu):

    def __init__(self, S0, K, r, T, sigma, Smax, M, N, omega, tol,
                 is_call=True):
        super(FDCnAm, self).__init__(
            S0, K, r, T, sigma, Smax, M, N, is_call)
        self.omega = omega
        self.tol = tol
        self.i_values = np.arange(self.M+1)
        self.j_values = np.arange(self.N+1)

    def _setup_boundary_conditions_(self):
        if self.is_call:
            self.payoffs = np.maximum(
                self.boundary_conds[1:self.M]-self.K, 0)
        else:
            self.payoffs = np.maximum(
                self.K-self.boundary_conds[1:self.M], 0)

        self.past_values = self.payoffs
        self.boundary_values = self.K * \
                                np.exp(-self.r *
                                        self.dt *
                                        (self.N-self.j_values))

    def _traverse_grid_(self):
        """ Solve using linear systems of equations """
        aux = np.zeros(self.M-1)
        new_values = np.zeros(self.M-1)

        for j in reversed(range(self.N)):
            aux[0] = self.alpha[1]*(self.boundary_values[j] +
                                    self.boundary_values[j+1])
            rhs = np.dot(self.M2, self.past_values) + aux
            old_values = np.copy(self.past_values)
            error = sys.float_info.max

            while self.tol < error:
```

```
                new_values[0] = \
                    max(self.payoffs[0],
                        old_values[0] +
                        self.omega/(1-self.beta[1]) *
                        (rhs[0] -
                         (1-self.beta[1])*old_values[0] +
                         (self.gamma[1]*old_values[1])))

                for k in range(self.M-2)[1:]:
                    new_values[k] = \
                        max(self.payoffs[k],
                            old_values[k] +
                            self.omega/(1-self.beta[k+1]) *
                            (rhs[k] +
                             self.alpha[k+1]*new_values[k-1] -
                             (1-self.beta[k+1])*old_values[k] +
                             self.gamma[k+1]*old_values[k+1]))

                new_values[-1] = \
                    max(self.payoffs[-1],
                        old_values[-1] +
                        self.omega/(1-self.beta[-2]) *
                        (rhs[-1] +
                         self.alpha[-2]*new_values[-2] -
                         (1-self.beta[-2])*old_values[-1]))

                error = np.linalg.norm(new_values - old_values)
                old_values = np.copy(new_values)

            self.past_values = np.copy(new_values)

        self.values = np.concatenate(([self.boundary_values[0]],
                                      new_values,
                                      [0]))

    def _interpolate_(self):
        # Use linear interpolation on final values as 1D array
        return np.interp(self.S0,
                         self.boundary_conds,
                         self.values)
```

Gauss-Seidel 方法使用容差参数为收敛标准。omega 是超松弛参数。omega 值越高，算法收敛得越快，但不收敛的几率也越大。

设标的资产价格为 50 美元，波动率为 40%，行权价格为 50 美元，无风险利率为 10%，到期期限为 5 个月。$S_{max} = 100$，$M = 100$，$N = 42$，omega 参数值为 1.2，容差值为 0.001：

```
>>> from FDCnDo import FDCnDo
```

```
>>> option = FDCnAm(50, 50, 0.1, 5./12., 0.4, 100, 100,
...                  42, 1.2, 0.001)
>>> print option.price()
6.10868281539
>>> option = FDCnAm(50, 50, 0.1, 5./12., 0.4, 100, 100,
...                  42, 1.2, 0.001, False)
>>> print option.price()
4.27776422938
```

通过 Crank-Nicolson 方法得到美式看涨、看跌期权价格分别为 6.109 美元和 4.2778 美元。

4.7 隐含波动率模型

目前介绍的期权定价方法，下列参数假定不变：利率、行权价、股息和波动率。在定量研究中，波动率可用于预测价格趋势。

我们可参考第 2 章非线性函数求根方法得到隐含波动率，接下来用二分法创建隐含波动率曲线。

AAPL 美式看跌期权的隐含波动率

苹果公司股票（AAPL）在 2014 年 10 月 3 日时的期权数据如下表所示，期权在 2014 年 12 月 20 日到期，列出的价格是买入价和卖出价的中点：

行权价格	看涨期权价格	看跌期权价格
75	30	0.16
80	24.55	0.32
85	20.1	0.6
90	15.37	1.22
92.5	10.7	1.77
95	8.9	2.54
97.5	6.95	3.55
100	5.4	4.8
105	4.1	7.75
110	2.18	11.8
115	1.05	15.96
120	0.5	20.75
125	0.26	25.81

AAPL 的最后交易价格为 99.62，利率为 2.48%，股息率为 1.82%。该美式期权在 78 天后到期。

利用上述信息，创建一个名为 ImpliedVolatilityModel 的类，该类接受_init_ 构造方法的股票期权参数。导入前面为 Leisen-Reimer 二叉树创建的 BinomialLROption 类，以及为二分函数创建的 bisection. py 文件。

_option_valuation_方法根据行权价格 K 和波动率 sigma 计算期权价值。本例我们使用 BinomialLROption 定价方法。

公共方法 get_implied_volatilities 接受一系列行权和期权价格，通过二分法计算每个可行价格的隐含波动率。因此两个价格列表长度必须相同。

隐含波动率模型的 Python 代码如下：

```
"""
Get implied volatilities from a Leisen-Reimer binomial
tree using the bisection method as the numerical procedure.
"""
from bisection import bisection
from BinomialLROption import BinomialLROption

class ImpliedVolatilityModel(object):

    def __init__(self, S0, r, T, div, N,
                 is_call=False):
        self.S0 = S0
        self.r = r
        self.T = T
        self.div = div
        self.N = N
        self.is_call = is_call
    def _option_valuation_(self, K, sigma):
        # Use the binomial Leisen-Reimer tree
        lr_option = BinomialLROption(
            self.S0, K, self.r,  self.T, self.N,
            {"sigma": sigma,
             "is_call": self.is_call,
             "div": self.div})
        return lr_option.price()

    def get_implied_volatilities(self, Ks, opt_prices):
        impvols = []
        for i in range(len(Ks)):
            # Bind f(sigma) for use by the bisection method
            f = lambda sigma: \
                self._option_valuation_(
                    Ks[i], sigma) - opt_prices[i]
            impv = bisection(f, 0.01, 0.99, 0.0001, 100)[0]
```

```
        impvols.append(impv)
      return impvols
if __name__ == "__main__":
```

借助该模型，使用特定数据集求出美式看跌期权的隐含波动率：

```
>>> # The data
>>> strikes = [ 75, 80, 85, 90, 92.5, 95, 97.5,
...             100, 105, 110, 115, 120, 125]
>>> put_prices = [0.16, 0.32, 0.6, 1.22, 1.77, 2.54, 3.55,
...              4.8, 7.75, 11.8, 15.96, 20.75, 25.81]
>>>
>>> model = ImpliedVolatilityModel(99.62, 0.0248, 78/365.,
...                               0.0182, 77, is_call=False)
>>> impvols_put = model.get_implied_volatilities(strikes,
                                                put_prices)
```

隐含波动率值作为列表对象存储在 impvols_put 变量中。将这些值与行权价格绘图，得到隐含波动率曲线：

```
>>> import matplotlib.pyplot as plt
>>> plt.plot(strikes, impvols_put)
>>> plt.xlabel('Strike Prices')
>>> plt.ylabel('Implied Volatilities')
>>> plt.title('AAPL Put Implied Volatilities expiring in 78 days')
>>> plt.show()
```

在这里，我们创建了 77 步的 Leisen-Reimer 树，每一步代表一天，绘制的隐含波动率曲线如下图所示：

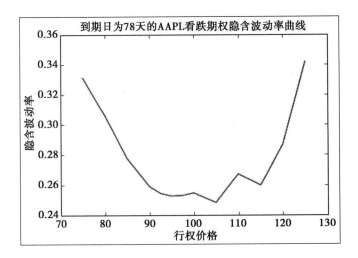

市场以毫秒量级变化，每日为期权定价是不合理的。本例使用二分法求解的二叉树隐含波动率，并非直接从市场价格观察到的实际波动率。

我们是否应该根据多项式曲线拟合这条曲线，以识别潜在的套利机会？或推算曲线以从实值和虚值期权的隐含波动性中获得进一步的潜在机会？这些问题都是期权从业者们要去探索的内容。

4.8　总结

本章研究了常见的期权定价方法。其中一种数值方法即树模型。二叉树模型是最简单的结构，每一个节点会有两个分支，分别表示标的资产价格上升和下降状态。三叉树模型，每个节点有三个分支，分别表示价格上行、下行和无变化状态。从终端价格开始，向后遍历至初始时点，收敛到当前折现期权价格。除二叉树和三叉树模型，还可采取 Cox-Ross-Rubinstein、Jarrow-Rudd、Tian 或 Leisen-Reimer 参数的树模型。

通过在树上添加一层额外的节点，可以求出 delta 和 gamma 等希腊值，且不会产生额外计算成本。

与二叉树和三叉树模型相比，Lattice 定价方法能节约存储空间，包含新信息的节点仅保存一次，可在不需要改变信息的节点重复使用。

本章还讨论了期权定价的有限差分方案及其终端和边界条件。根据终端条件可以使用显式、隐式和 Crank-Nicolson 方法遍历网格为期权定价。除为欧式和美式期权定价，有限差分法还可用于奇异期权定价。

借助第 3 章的二分法求根，结合本章 Leisen-Reimer 树模型，可以利用美式期权市场价格创建隐含波动率曲线。

下一章将探讨利率工具的使用。

第5章
利率及其衍生工具

各国中央银行，包括美国联邦储备系统（简称美联储）都将利率定位为影响经济活动的政策工具。对于有特殊现金流需求的投资者来说，利率衍生工具是一种绝佳的投资对象。

利率衍生品交易员面临的主要挑战是为这些产品制定有效而稳健的定价程序。迄今学者已提出几种利率模型用于金融行业研究，常用的有 Vasicek 模型、CIR 模型和 Hull-White 模型。虽已提出双因素和多因素利率模型、短期利率模型，仍较多依赖单一变量（或不确定性来源）。

本章讨论以下主题：

❑ 收益率曲线

❑ 无息债券定价

❑ 引导收益率曲线

❑ 根据收益率曲线计算远期利率

❑ 计算债券价格和到期收益率

❑ 计算久期和凸度

❑ 短期利率模型

❑ Vasicek 模型

❑ Cox-Ingersoll-Ross 模型

❑ Rendleman and Bartter 模型

❑ Brennan and Schwartz 模型

❑ 利用有限差分法为无息可赎回债券定价

❑ 可赎回债券的其他定价方法

5.1　固定收益证券

公司和政府可发行固定收益证券作为筹集资金的手段。债权人将资金借出，期望债务到期时收回本金，债务人需在预先设定的时间支付固定数额的利息。

债权人持有的债券，例如美国国库券、票据和债券，面临发行人违约的风险。一般认为中央和地方政府债券违约风险最低，因为债务人能通过提高税收等方式筹集资金偿还债务。

大多数债券每半年支付固定的利息，有些债券每季度或每年支付一次。以债券面值百分比报价的带息债券称为息票（coupon）。例如，一个 5 年期面值为 10 000美元的国库券，票面利率为 5%，即每年支付 500 美元利息，或每 6 个月支付 250 美元，直至到期。如果利率下降至 3%，新债券的买方每年只会收到 300 美元利息，而原债券持有人将继续收到每年 500 美元的利息。债券的特征影响其价格，其价值随着利率上升而减少，反之即增加。

5.2　收益率曲线

正常收益率曲线条件下，长期利率高于短期利率。借款时间越长，投资人承担的违约风险越高，期望得到更高的回报。正常或正向收益率曲线向上倾斜，如下图所示：

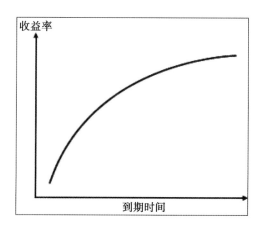

货币供应紧张时，收益率曲线会反转，即长期利率低于短期利率。投资者愿

意放弃长期收益，短期内维持自身财富。发生通货膨胀时，通货膨胀率超过息票利率，负利率产生，投资者愿意投资短期资产以确保长期财富。反向收益率曲线向下倾斜，如下图所示：

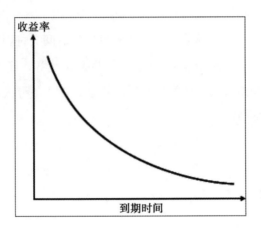

5.3 无息债券

无息债券（zero-coupon bond）也称为纯贴现债券（pure discount bond），是一种到期支付本金，票面利率为零的债券。

无息债券的估值如下：

$$无息债券价格 = \frac{面值}{(1 + y)^t}$$

其中，y 是年复合收益率或债券利率，t 是债券到期前的剩余时间。

假设一张 5 年期无息债券的面值为 100 美元，年复合利率为 5%。该债券价格为：

$$\frac{100}{(1 + 0.05)^5} = 78.35(美元)$$

Python 实现无息债券估值的代码如下：

```
def zero_coupon_bond(par, y, t):
    """
    Price a zero coupon bond.

    Par - face value of the bond.
    y - annual yield or rate of the bond.
    t - time to maturity in years.
    """
    return par/(1+y)**t
```

代入前例数据，结果如下：

```
>>> print zero_coupon_bond(100, 0.05, 5)
78.3526166468
```

即投资者能够以 78.35 美元的价格投资年复合利率为 5% 的 5 年期无息债券。

即期利率和零利率

随着复利频率增加（例如，从每年复利到每天复利），货币的未来价值将达到指数极限。即以利率 R 连续复利时间 T，当前 100 美元的债券未来价值将达到 $100e^{RT}$ 美元。将到期时间 T 价值 100 美元并以利率 R 连续复利的证券贴现，得到该证券现值 $\frac{100}{e^{RT}}$，这个比率称为即期利率（spot rate）。

即期利率表示现在要借入或借出现金的当期利率，零利率代表无息债券的内部收益率。

我们可以使用不同期限债券的即期利率和零利率构建当前收益率曲线。

5.4　自助法构建收益率曲线

短期即期利率可以直接从各种短期证券获得，例如无息债券、短期国库券、票据和欧洲美元存款。长期即期利率可通过短期即期利率和长期付息债权到期收益率计算，这种方法称为"自助法"（bootstrapping）。获得短期和长期即期利率后，就可以构建收益率曲线。

下例说明收益率曲线的引导过程。下表为不同到期日和价格的债券列表：

债券面值/美元	到期时间/年	年息/美元	债券现金价格/美元
100	0.25	0	97.50
100	0.50	0	94.90
100	1.00	0	90.00
100	1.50	8	96.00
100	2.00	12	101.60

投资者投资现值为 97.50 美元，票面金额为 100 美元的 3 个月期无息债券可以赚取 2.50 美元的利息，该债券即期汇率计算如下：

$$97.50 = \frac{100}{e^{0.25y}}$$

$$e^{0.25y} = 1.0256$$

$$y = 4\ln 1.0256 = 0.10127$$

因此，连续复利 3 个月无息债券的零利率为 10.127% 。上述无息债券的即期利率如下表所示：

到期时间/年	即期利率（%）
0.25	10.127
0.50	10.469
1.00	10.536

有了即期利率，现在可以为 1.5 年期债券定价：

$$4e^{(-0.10469)(0.5)} + 4e^{(-0.10536)(1.0)} + 104e^{(-y)(1.5)} = 96$$

为了计算 y，1.5 年期债券和 2 年期债券的即期利率分别为 10.681% 和 10.808% 。

Python 实现引导收益率曲线的代码如下。将此代码保存到 BootstrapYield-Curve. py：

```python
""" Bootstrapping the yield curve """
import math

class BootstrapYieldCurve():

    def __init__(self):
        self.zero_rates = dict()  # Map each T to a zero rate
        self.instruments = dict()  # Map each T to an instrument

    def add_instrument(self, par, T, coup, price,
                       compounding_freq=2):
        """  Save instrument info by maturity """
        self.instruments[T] = (par, coup, price, compounding_freq)

    def get_zero_rates(self):
        """  Calculate a list of available zero rates """
        self.__bootstrap_zero_coupons__()
        self.__get_bond_spot_rates__()
        return [self.zero_rates[T] for T in self.get_maturities()]

    def get_maturities(self):
        """ Return sorted maturities from added instruments. """
        return sorted(self.instruments.keys())
```

```python
    def __bootstrap_zero_coupons__(self):
        """ Get zero rates from zero coupon bonds """
        for T in self.instruments.iterkeys():
            (par, coup, price, freq) = self.instruments[T]
            if coup == 0:
                self.zero_rates[T] = \
                    self.zero_coupon_spot_rate(par, price, T)

    def __get_bond_spot_rates__(self):
        """ Get spot rates for every marurity available """
        for T in self.get_maturities():
            instrument = self.instruments[T]
            (par, coup, price, freq) = instrument

            if coup != 0:
                self.zero_rates[T] = \
                    self.__calculate_bond_spot_rate__(
                        T, instrument)

    def __calculate_bond_spot_rate__(self, T, instrument):
        """ Get spot rate of a bond by bootstrapping """
        try:
            (par, coup, price, freq) = instrument
            periods = T * freq  # Number of coupon payments
            value = price
            per_coupon = coup / freq  # Coupon per period

            for i in range(int(periods)-1):
                t = (i+1)/float(freq)
                spot_rate = self.zero_rates[t]
                discounted_coupon = per_coupon * \
                                    math.exp(-spot_rate*t)
                value -= discounted_coupon

            # Derive spot rate for a particular maturity
            last_period = int(periods)/float(freq)
            spot_rate = -math.log(value /
                                  (par+per_coupon))/last_period
            return spot_rate

        except:
            print "Error: spot rate not found for T=%s" % t

    def zero_coupon_spot_rate(self, par, price, T):
        """ Get zero rate of a zero coupon bond """
        spot_rate = math.log(par/price)/T
        return spot_rate
```

将 BootstrapYieldCurve 类实例化，从上表添加每个债券的信息：

```
>>> from BootstrapYieldCurve import BootstrapYieldCurve
```

```
>>> yield_curve = BootstrapYieldCurve()
>>> yield_curve.add_instrument(100, 0.25, 0., 97.5)
>>> yield_curve.add_instrument(100, 0.5, 0., 94.9)
>>> yield_curve.add_instrument(100, 1.0, 0., 90.)
>>> yield_curve.add_instrument(100, 1.5, 8, 96., 2)
>>> yield_curve.add_instrument(100, 2., 12, 101.6, 2)
>>> y = yield_curve.get_zero_rates()
>>> x = yield_curve.get_maturities()
```

调用类中的 get_zero_rates 方法，返回与到期日相同顺序的即期利率列表，分别存储在 y 和 x 变量中。绘制 x 和 y 图像得到以下结果：

```
>>> import matplotlib.pyplot as plt
>>> plt.plot(x, y)
>>> plt.title("Zero Curve")
>>> plt.ylabel("Zero Rate (%)")
>>> plt.xlabel("Maturity in Years")
>>> plt.show()
```

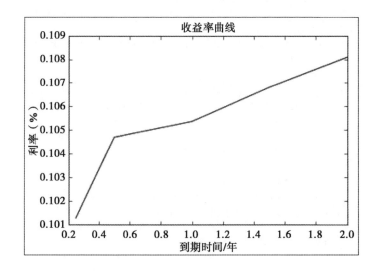

在正常收益率曲线环境中，到期时间越长利率越大，我们得到一个向上倾斜的收益率曲线。

5.5 远期利率

计划在未来投资的投资者希望获知未来的利率情况，其隐含在即期利率期限结构中。例如，一年后一年期债券的即期利率是多少？我们可以使用以下公式计算 T_1 和 T_2 期间的远期利率：

$$r_{forward} = \frac{r_2 T_2 - r_1 T_1}{T_2 - T_1}$$

这里，r_1 和 r_2 分别是时期 T_1 和 T_2 的复合年利率。

如下代码可借助即期利率列表生成远期利率列表：

```
"""
Get a list of forward rates
starting from the second time period
"""


class ForwardRates(object):

    def __init__(self):
        self.forward_rates = []
        self.spot_rates = dict()

    def add_spot_rate(self, T, spot_rate):
        self.spot_rates[T] = spot_rate

    def __calculate_forward_rate__(self, T1, T2):
        R1 = self.spot_rates[T1]
        R2 = self.spot_rates[T2]
        forward_rate = (R2*T2 - R1*T1)/(T2 - T1)
        return forward_rate

    def get_forward_rates(self):
        periods = sorted(self.spot_rates.keys())
        for T2, T1 in zip(periods, periods[1:]):
            forward_rate = \
                self.__calculate_forward_rate__(T1, T2)
            self.forward_rates.append(forward_rate)

        return self.forward_rates
```

使用前面由收益率曲线导出的即期利率，得到以下结果：

```
>>> fr = ForwardRates()
>>> fr.add_spot_rate(0.25, 10.127)
>>> fr.add_spot_rate(0.50, 10.469)
>>> fr.add_spot_rate(1.00, 10.536)
>>> fr.add_spot_rate(1.50, 10.681)
>>> fr.add_spot_rate(2.00, 10.808)
>>> print fr.get_forward_rates()
[10.810999999999998, 10.603, 10.971, 11.189]
```

调用 ForwardRates 类的 get_forward_rates 方法，返回从下一期开始的远期利率列表。

5.6 计算到期收益率

到期收益率（Yield to Maturity，YTM）即购买国债获得的未来现金流量现值等于债券当前市价的贴现率。假设债券持有人可以以到期收益率投资直到债券到期收取息票，根据风险中性预期，债券到期收到的价款应与为债券支付的价格相同。

假设一个 1.5 年期债券，利率为 5.75%，面值为 100 美元，该债券现价是 95.0428 美元，每半年付息一次。定价方程如下：

$$95.0428 = \frac{c}{\left(1 + \dfrac{y}{n}\right)^{nT_1}} + \frac{c}{\left(1 + \dfrac{y}{n}\right)^{nT_2}} + \frac{100 + c}{\left(1 + \dfrac{y}{n}\right)^{nT_3}}$$

这里，c 是每期支付的利息，T 是剩余付息年数，n 是利息支付频率，y 是待求的到期收益率。

本例使用牛顿迭代法求解到期收益率，代码如下，将文件另存为 bond_ytm.py：

```python
""" Get yield-to-maturity of a bond """
import scipy.optimize as optimize


def bond_ytm(price, par, T, coup, freq=2, guess=0.05):
    freq = float(freq)
    periods = T*freq
    coupon = coup/100.*par/freq
    dt = [(i+1)/freq for i in range(int(periods))]
    ytm_func = lambda(y): \
        sum([coupon/(1+y/freq)**(freq*t) for t in dt]) + \
        par/(1+y/freq)**(freq*t) - price

    return optimize.newton(ytm_func, guess)
```

第 3 章介绍了牛顿迭代法和其他非线性函数求解器，我们使用 scipy. optimize 包求解此 YTM 函数。

使用前文示例的参数，得到以下结果：

```python
>>> from bond_ytm import bond_ytm
>>> ytm = bond_ytm(95.0428, 100, 1.5, 5.75, 2)
```

```
>>> print ytm
0.0936915534524
```

可知债券的 YTM 为 9.369%。

5.7   计算债券定价

YTM 已知，就可由前文提到的债券定价公式计算债券的价格。将以下代码保存为 bond_price.py：

```
""" Get bond price from YTM """
def bond_price(par, T, ytm, coup, freq=2):
    freq = float(freq)
    periods = T*freq
    coupon = coup/100.*par/freq
    dt = [(i+1)/freq for i in range(int(periods))]
    price = sum([coupon/(1+ytm/freq)**(freq*t) for t in dt]) + \
            par/(1+ytm/freq)**(freq*T)
    return price
```

输入与前面示例相同的值，得到以下结果：

```
>>> from bond_price import bond_price
>>> bond_price(100, 1.5, ytm, 5.75, 2)
95.0428
```

该结果与前例债券价格相同。借助 bond_ytm 和 bond_price 函数，我们可以进一步计算债券的修正久期和凸度，帮助债券交易者制定交易策略，对冲风险。

5.8   久期

久期衡量债券价格对收益率变化的敏感程度。几种重要的久期包括麦考利久期（macaulay duration）、修正久期（modified duration）和有效久期（effective duration）。本节将讨论修正久期，其衡量债券价格相对于收益率变化的变动程度（通常为 1% 或 100 个基点（bps））。

债券久期越长，其价格对收益率变动越敏感。相反，敏感程度越弱。

债券的修正久期可以视作价格和收益率的一阶导数：

$$修正久期 \cong \frac{P^- - P^+}{2(P_0)(dY)}$$

dY 是给定的收益率，P^- 是收益率降低 dy 时的债券价格，P^+ 是收益率提高 dy 时的债券价格，P_0 是债券初始价格。应当注意，久期仅可衡量收益率小范围变化时债券价格的变动程度。收益率曲线是非线性的，所以 dy 较大时得出的久期不精确。

以下代码可求解修正久期。bond_mod_duration 函数借助前述 bond_ytm 函数求解给定初始值的债券收益率，bond_price 函数根据收益率变化确定债券价格。

```
""" Calculate modified duration of a bond """
from bond_ytm import bond_ytm
from bond_price import bond_price


def bond_mod_duration(price, par, T, coup, freq, dy=0.01):
    ytm = bond_ytm(price, par, T, coup, freq)

    ytm_minus = ytm - dy
price_minus = bond_price(par, T, ytm_minus, coup, freq)

ytm_plus = ytm + dy
price_plus = bond_price(par, T, ytm_plus, coup, freq)

mduration = (price_minus-price_plus)/(2*price*dy)
return mduration
```

试求利率为 5.75%，面值为 100 美元，现价为 95.0428 美元的 1.5 年期债券的修正久期。

```
>>> from bond_mod_duration import bond_mod_duration
>>> print bond_mod_duration(95.04, 100, 1.5, 5.75, 2, 0.01)
1.392
```

该债券的修正久期为 1.392 年。

5.9 凸度

凸度（convexity）是衡量债券久期对到期收益率变化敏感度的指标。凸度可视作价格和收益率的二阶导数：

$$凸度 \cong \frac{P^- + P^+ - 2P_0}{(P_0)(dY)^2}$$

债券交易者使用凸度作为风险管理工具衡量投资组合的市场风险。债券久期和收益率不变时，凸度较大的投资组合受利率波动性的影响小于凸度较小的组合。其他条件相同时，高凸度债券比低凸度债券价格更高。

Python 计算凸度的代码如下：

```
""" Calculate convexity of a bond """
from bond_ytm import bond_ytm
from bond_price import bond_price


def bond_convexity(price, par, T, coup, freq, dy=0.01):
ytm = bond_ytm(price, par, T, coup, freq)

ytm_minus = ytm - dy
price_minus = bond_price(par, T, ytm_minus, coup, freq)

ytm_plus = ytm + dy
price_plus = bond_price(par, T, ytm_plus, coup, freq)

convexity = (price_minus+price_plus-2*price)/(price*dy**2)
return convexity
```

试求利率为 5.75%，面值为 100 美元，现价为 95.0428 美元的 1.5 年期债券的凸度。

```
>>> from bond_convexity import bond_convexity
>>> print bond_convexity(95.0428, 100, 1.5, 5.75, 2)
2.63395939033
```

该债券的凸度为 2.63。相同面值、息票和到期时间的两个债券的凸度是否相同取决于其在收益率曲线的位置。收益率变化相同程度，高凸度的债券价格变化更大。

5.10　短期利率模型

短期利率模型模拟利率随时间的变化，描述特定时点的经济状况。短期利率 $r(t)$ 是特定时间的即期利率，为收益率曲线上一个无穷短时间的连续复利年利率，可表示为含时间参数的随机变量形式。

短期利率模型常用于债券、信用工具、抵押贷款等利率衍生工具的评估，与数值方法一同在衍生品定价中发挥重要作用。但它易受经济状况、政府干预、供需法则等因素影响，往往非常复杂。

本节介绍金融研究中最常用的单因素短期利率模型，如 Vasicek 模型、Cox-Ingersoll-Ross 模型、Rendleman and Bartter 模型，以及 Brennan and Schwartz 模型。使用 Python，我们可以通过单因数模型了解利率模型的基本方法 Ho-Lee 模型、Hull-White 模型和 Black-Karasinki 模型也常用于金融领域。

5. 10. 1　Vasicek 模型

Vasicek 模型中，短期利率为单一随机因子：

$$\mathrm{d}r(t) = K(\theta - r(t))\mathrm{d}t + \sigma\mathrm{d}W(t)$$

K、θ 和 σ 是常数，σ 是瞬时标准差，$W(t)$ 是随机维纳过程。Vasicek 模型遵循 Ornstein-Uhlenbeck 过程，均值为 θ，平均回归速度为 K。根据该模型利率可能变为负数，正常经济条件下我们不希望这种情况出现。

下述代码可生成一个利率列表：

```
""" Simulate interest rate path by the Vasicek model """
import numpy as np

def vasicek(r0, K, theta, sigma, T=1., N=10, seed=777):
    np.random.seed(seed)
    dt = T/float(N)
    rates = [r0]
    for i in range(N):
        dr = K*(theta-rates[-1])*dt + sigma*np.random.normal()
        rates.append(rates[-1] + dr)
    return range(N+1), rates
```

vasicek 函数可返回时间段和利率列表。其中 r0 是 $t = 0$ 时的初始利率；K、theta 和 sigma 是常数；T 是年数；N 是期数；seed 是 NumPy 的标准正态随机数生成器的初始值。

假设当前利率为 1.875%，K 为 0.2，theta 为 0.01，sigma 为 0.012，T 值为 10，N 值为 200。建模如下：

```
>>> x, y = vasicek(0.01875, 0.20, 0.01, 0.012, 10., 200)
>>>
>>> import matplotlib.pyplot as plt
>>> plt.plot(x,y)
>>> plt.show()
```

运行上述代码输出以下结果：

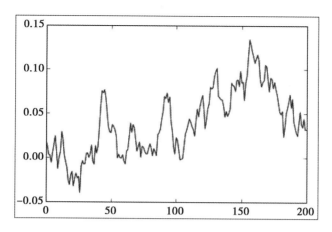

如图所示，利率在某一时间段为负值，平均增长 0. 01。

5. 10. 2　Cox-Ingersoll-Ross 模型

Cox-Ingersoll-Ross（CIR）模型是用于解决 Vasicek 模型负利率问题的单因素模型:

$$dr(t) = K(\theta - r(t))dt + \sigma \sqrt{r(t)}dW(t)$$

$\sqrt{r(t)}$ 随短期利率增加而增加标准差。

CIR 模型的代码如下:

```python
""" Simulate interest rate path by the CIR model """
import math
import numpy as np

def cir(r0, K, theta, sigma, T=1.,N=10,seed=777):
    np.random.seed(seed)
    dt = T/float(N)
    rates = [r0]
    for i in range(N):
        dr = K*(theta-rates[-1])*dt + \
            sigma*math.sqrt(rates[-1])*np.random.normal()
        rates.append(rates[-1] + dr)
    return range(N+1), rates
```

假设当前利率为 1.875%，K 为 0. 2，theta 为 0. 01，sigma 为 0. 012，T 值为 10，N 值为 200。建模如下:

```python
>>> x, y = cir(0.01875, 0.20, 0.01, 0.012, 10., 200)
>>>
>>> import matplotlib.pyplot as plt
>>> plt.plot(x,y)
>>> plt.show()
```

运行上述命令输出如下结果：

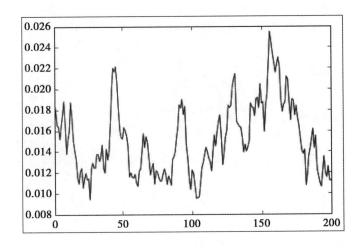

可见 CIR 利率模型不存在负利率。

5.10.3 Rendleman and Bartter 模型

Rendleman and Bartter 模型的短期利率表示为：

$$dr(t) = \theta r(t)dt + \sigma r(t)dW(t)$$

$\theta r(t)$ 是具有瞬时标准偏差 $\sigma r(t)$ 的瞬时漂移值。Rendleman and Bartter 模型可视为几何布朗运动，类似于对数正态分布的股票价格随机过程，它缺乏均值回归的属性，即利率不能回到长期平均水平。

以下代码可实现 Rendleman and Bartter 模型：

```python
""" Simulate interest rate path by the Rendleman-Barter model """
import numpy as np

def rendleman_bartter(r0, theta, sigma, T=1.,N=10,seed=777):
    np.random.seed(seed)
    dt = T/float(N)
    rates = [r0]
    for i in range(N):
        dr = theta*rates[-1]*dt + \
            sigma*rates[-1]*np.random.normal()
        rates.append(rates[-1] + dr)
    return range(N+1), rates
```

假设当前利率为 1.875%，K 为 0.2，theta 为 0.01，sigma 为 0.012，T 值为 10，N 值为 200。建模如下：

```
>>> x, y = rendleman_bartter(0.01875, 0.01, 0.012, 10., 200)
>>>
>>> import matplotlib.pyplot as plt
>>> plt.plot(x,y)
>>> plt.show()
```

运行上述命令输出如下结果：

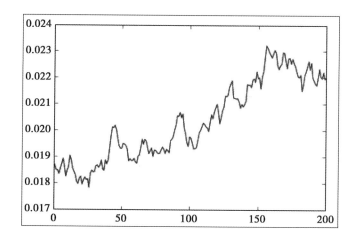

可见 Rendleman and Bartter 模型缺乏均值回归的性质，并朝着长期平均水平增长。

5.10.4　Brennan and Schwartz 模型

Brennan and Schwartz 模型是双因素模型，其中短期利率作为均值回归到长期利率，并遵循随机过程。短期利率表示为：

$$dr(t) = K(\theta - t(t))dt + \sigma r(t)dW(t)$$

可以看出，Brennan and Schwartz 模型是几何布朗运动的另一种形式，可通过如下代码实现：

```
""" Simulate interest rate path by the Brennan Schwartz model """
import numpy as np

def brennan_schwartz(r0, K, theta, sigma, T=1., N=10, seed=777):
    np.random.seed(seed)
    dt = T/float(N)
    rates = [r0]
    for i in range(N):
        dr = K*(theta-rates[-1])*dt + \
            sigma*rates[-1]*np.random.normal()
        rates.append(rates[-1] + dr)
    return range(N+1), rates
```

假设当前利率为 1.875% ，K 为 0.2，theta 为 0.01，sigma 为 0.012，T 值为 10，N 值为 10 000。建模如下：

```
>>> x, y = brennan_schwartz(0.01875, 0.20, 0.01, 0.012, 10.,
...                         10000)
>>>
>>> import matplotlib.pyplot as plt
>>> plt.plot(x,y)
>>> plt.show()
```

运行上述命令输出如下结果：

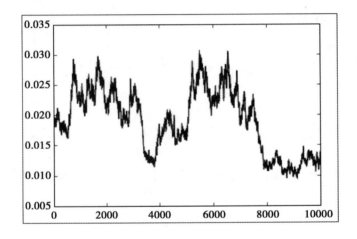

5.11　债券期权

债券发行人面临的风险之一是利率风险。利率下降时债券价格上涨，债券发行人要支付更高的利息。相反，利率上升时，债券发行人处于优势，因为他能继续按票面利率支付利息。

债券发行人可利用利率变化在债券中嵌入期权，赋予债券发行人在到期时间以商定价格购买或出售所发行债券的权利，而不是义务。美式债券期权发行人可在到期前任何时点行权；欧式债券期权发行人只能在到期日行权。行权时点的选择因债券而异，一些发行人选择债券在市场上流通超过一年时行权；而一些发行人选择在几个特定日期之一行权。无论债券行权日期类型如何，都可以使用以下公式为嵌入期权的债券定价：

债券价格 = 不含期权的债券价格 − 嵌入期权的价格

无期权债券的定价即债券利息和本金的现值。目前已有一系列解释息票再投资的假设，其中之一即短期利率模型的利率变动，还有假说假定利率在二叉树或三叉树模型内变动。简单起见，以下债券定价研究使用无息债券，以避免息票再投资问题。

期权定价必须先确定可用的行权日期，再将期权终值与期权行权价格比较，使用数值方法（如二叉树）求得期权现值。无套利原理下，在可行权的时点使用该方法即可得到期权价格。方便起见，本章剩余部分均讨论美式债券期权。

5.11.1　可赎回债券

利率很高时，债券发行人很可能面临利率下降的风险，且必须继续支付比现行利率水平更高的利率，债券发行人可以选择发行可赎回债券规避此风险。可赎回债券包含嵌入协议，发行方可在约定日期赎回该债券，可视作债券持有人向债券发行人出售看涨期权。如果利率确实下跌，债券发行人有权以特定价格行权购回债券，之后该公司可以较低利率发行新债券，也意味着公司能够以更高的债券价格筹集更多资金。

5.11.2　可回售债券

与可赎回债券不同，可回售债券（puttable bond）的持有人拥有一定期间内特定时间按某个价格将债券回售给发行人的权利，而非义务。可回售债券持有人可视为从债券发行方购买看跌期权。利率上升时，现有债券价值降低，债券持有人回售债券的意愿提升。可回售债券更有利于债券发行人，所以它没有普通债券普遍。贷款和存款工具可视为可回售债券的变形，固定利率存款工具可看作嵌入美式看跌期权的债券。

投资者与银行签订贷款协议，在协议有效期内支付利息，直至债务连本带息偿还完毕，银行可视为购买看跌期权的债券。某些情况下，银行可行使赎回贷款协议全部价值的权利。

因此，可回售债券的定价公式如下：

可回售债券价格 = 不含期权的债券价格 + 看跌期权价格

5.11.3　可转换债券

可转换债券包含一个嵌入式期权，允许持有人将债券转换为普通股股票，转换比率为，可转股金额与债券价值相同时可转换股票的数量。

可转换债券与可赎回债券相似，持有人都可在约定时间以指定兑换比率行权；与不可转换债券相比，可转换债券的票面利率通常更低。

可转换债券持有人行权将债权转为股权后，公司债务减少，流通股数量增加，公司的股权稀释，股价预计下跌。

随着公司股价上涨，可转债债券价格往往会上升。相反，随着公司股价下跌，可转换债券价格趋于下降。

5.11.4　优先股

优先股是具有债券特质的股票。与普通股股东相比，优先股股东优先分配股利，而且享受固定数额（通常为股票票面价值的一定比例）的股息。某些优先股协议中，未按协议支付的股息会累积，直到日后完全支付，称为**累积**（cumulative）优先股。

优先股价格通常随普通股一起变动，优先股持有者可拥有普通股股东的投票权，在企业破产清算时，优先股有第一次留置权。

5.12　可赎回债券定价

本节探讨可赎回债券定价。假设定价的债券是嵌入欧式看涨期权的无息债券。可赎回债券定价公式为：

$$可赎回债券价格 = 不含期权的债券价格 - 看涨期权价格$$

5.12.1　Vasicek 模型定价无息债券

某一时间 t，利率为 r，面值为 1 的无息债券价值为：

$$P(t) = e^{rdt}$$

由于利率 r 不断变化，可将上述公式改写为：

$$P(t) = e^{-\int_t^T r(s)\,ds}$$

其中，利率 r 是一个随机过程，解释从时间 t 到 T 的债券价格，T 是无息债券到期日。

我们将使用 Vasicek 模型模拟利率 r。

对数正态分布变量 X 的期望由下式给出：

$$X = e^u$$

$$E[X] = E[e^u] = e^{u+\frac{\sigma^2}{2}}$$

将上式改写为：

$$E[e^{su}] = e^{su+\frac{s^2\sigma^2}{2}}$$

由此可获得零息票债券利率模拟过程使用的对数正态分布变量的期望值。

Vasicek 短期利率模型为：

$$dr(t) = K(\theta - r(t))dt + \sigma dW(t)$$

导出 $r(t)$：

$$r(t) = \theta + (r_0 - \theta)e^{-kt} + \sigma e^{-kt}\int_0^t e^{ks}dB$$

根据 Vasicek 模型的特征方程和利率变动，借助期望求无息债券价格的公式为：

$$P(t) = E\left[e^{-\int_t^t r(s)ds}\right]$$

$$P(\tau) = A(\tau)e^{-r_t B(\tau)}$$

其中：

$$A(\tau) = e^{\left(\theta\frac{\sigma^2}{2k^2}\right)(B(\tau)-\tau)-\frac{\sigma^2}{4k}B(\tau)^2}$$

$$B(\tau) = \frac{1 - e^{-k\tau}}{k}$$

$$\tau = T - t$$

无息债券定价的 Python 实现方法由 ExactZCB 函数给出：

```python
import numpy as np

""" Get zero coupon bond price by Vasicek model """
def exact_zcb(theta, kappa, sigma, tau, r0=0.):
    B = (1 - np.exp(-kappa*tau)) / kappa
    A = np.exp((theta-(sigma**2)/(2*(kappa**2))) *
               (B-tau) - (sigma**2)/(4*kappa)*(B**2))
    return A * np.exp(-r0*B)
```

下面介绍有多个到期日的无息债券定价方法。设 theta 为 0.5，kappa 为 0.02，sigma 为 0.02，初始利率 r0 为 0.015。将其输入 ExactZCB 函数，获得在 0 到 25 年，间隔为 0.5 年的无息债券价格，并绘制图表：

```
>>> Ts = np.r_[0.0:25.5:0.5]
>>> zcbs = [exact_zcb(0.5, 0.02, 0.03, t, 0.015) for t in Ts]
>>>
>>> import matplotlib.pyplot as plt
>>> plt.title("Zero Coupon Bond (ZCB) Values by Time")
>>> plt.plot(Ts, zcbs, label='ZCB')
>>> plt.ylabel("Value ($)")
>>> plt.xlabel("Time in years")
>>> plt.legend()
>>> plt.grid(True)
>>> plt.show()
```

运行上述命令输出结果如下：

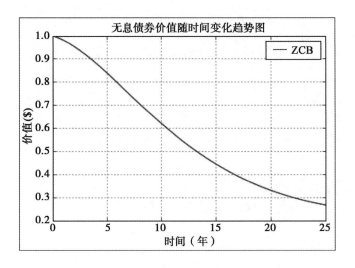

5.12.2 提前行权定价

可赎回债券发行人可按合同规定价格赎回债券。此类债券提前行权的贴现价值计为：

$$提前行权贴现价值 = ke^{-rt}$$

其中，k 是行权价格与票面面值的比率，r 是行权价格的利率。

提前行权定价的 Python 实现方法如下：

```
import math
def exercise_value(K, R, t):
    return K*math.exp(-R*t)
```

假设求 k 为 0.95，初始利率为 1.5% 的看涨期权价格，绘制债权价格对应时间的函数，并叠加到无息债券价格的图表上，直观展现无息债券价格和可赎回债权价格间的关系：

```
>>> Ts = np.r_[0.0:25.5:0.5]
>>> Ks = [exercise_value(0.95, 0.015, t) for t in Ts]

>>> zcbs = [exact_zcb(0.5, 0.02, 0.03, t, 0.015) for t in Ts]
>>> import matplotlib.pyplot as plt
>>> plt.title("Zero Coupon Bond (ZCB) "
...           "and Strike (K) Values by Time")
>>> plt.plot(Ts, zcbs, label='ZCB')
>>> plt.plot(Ts, Ks, label='K', linestyle="--", marker=".")
>>> plt.ylabel("Value ($)")
>>> plt.xlabel("Time in years")
>>> plt.legend()
>>> plt.grid(True)
>>> plt.show()
```

运行上述命令输出如下结果：

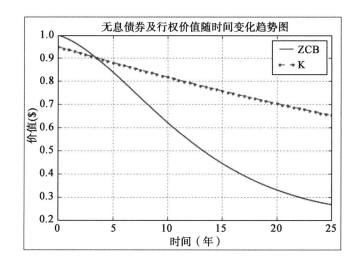

借助上图能近似确定可回购无息债券的价格。

可赎回无息债券的价格表示为：

$$可赎回无息债券的价格 = \min(ZCB, K)$$

可赎回债券根据当前利率水平定价，通过策略迭代法处理提前行权问题，并检验提前行权是否已经到期，确定对其他行权节点的影响。在实践中，这样的迭代仅发生一次。

5.12.3 有限差分策略迭代法

我们可以通过有限差分的隐式方法进行策略迭代，检查提前行权对其他节点的影响。

创建一个名为 VasicekCZCB 的类，该类包含通过 Vasicek 模型实现可赎回无息债券定价的所有方法，如下所示：

- ❑ vasicek_czcb_values（self, r0, R, ratio, T, sigma, kappa, theta, M, prob = 1e − 6, max_policy_iter = 10, grid_struct_const = 0.25, rs = None）：启动定价过程的起点。变量 r0 是 $t = 0$ 的短期利率；R 是债券价格行权比率；ratio 是每张债券行权价格；T 是到期时间；sigma 是短期利率 r 的波动率；kappa 是均值回归率；theta 是短期利率平均值；M 是有限差分法的步数；prob 是用 vasicek_limits 方法在正态分布曲线确定短期利率的概率；max_policy_iter 寻找提前行权节点的策略迭代最大数量；grid_struct_const 是用 calculate_N 方法确定 dt 运动的最大阈值；rs 是短期利率过程的利率列表。此方法将会返回均匀间隔的短期利率和期权价格列表。

- ❑ vasicek_params（self, r0, M, sigma, kappa, theta, T, prob, grid_struct_const = 0.25, rs = None）：此方法为 Vasicek 模型的隐式方案，能计算参数并返回 r_min、dr、N 和 dt 的值。若没有 rs 的值，则 r_min 到 r_max 的值将由 vasicek_limits 方法自动生成，作为正态分布函数 prob。

- ❑ vasicek_limits（self, r0, sigma, kappa, theta, T, prob = 1e − 6）：此方法通过正态分布过程计算 Vasicek 模型的最小值和最大值。Vasicek 模型下短期利率 r(t) 的期望值为：

$$E[r(t)] = \theta + (r_0 - \theta)e^{kt}$$

方差为：

$$Var[r(t)] = \frac{\sigma^2}{2k}(1 - e^{-2kt})$$

该函数返回由正态分布过程定义的最小和最大利率水平元组。

- ❑ vasicek_diagonals（self, sigma, kappa, theta, r_min, dr, N, dtau）：此方法返回有限差分隐式方案的对角线，其中：

$$子对角线, a = k(\theta - r_i)\frac{dt}{2dr} - \frac{1}{2}\sigma^2\frac{dt}{dr^2}$$

$$对角线，b = 1 + r_i \mathrm{d}t + \sigma^2 \frac{\mathrm{d}t}{\mathrm{d}r^2}$$

$$超对角线，c = k(\theta - r_i)\frac{\mathrm{d}t}{2\mathrm{d}r} - \frac{1}{2}\sigma^2\frac{\mathrm{d}t}{\mathrm{d}r^2}$$

边界条件使用 Neumann 边界。

- check_exercise（self，V，eex）：此方法返回布尔值列表，即提前行权最佳收益指数。

- exercise_call_price（self，R，ratio，tau）：此方法将行权价的贴现值以比率形式返回。

- vasicek_policy_diagonals（self，subdiagonal，diagonal，superdiagonal，v_old，v_new，eex）：此方法用于策略迭代过程更新子对角线，对角线和超对角线的值。提前行权时子对角线和超对角线的值设为 0，且剩余值在对角线上。该方法返回新的子对角线的值，以逗号分隔。

- iterate（self，subdiagonal，diagonal，superdiagonal，v_old，eex，max_policy_iter = 10）：此方法通过策略迭代执行有限差分的隐式方案，每个周期求解三对角方程组，调用 vasicek_policy_对角线方法更新三个对角线值，在没有提前行权机会时，返回可赎回无息债券的价格，同时返回策略迭代的执行次数。

- tridiagonal_solve（self，a，b，c，d）：该方法是三对角形方程组 Thomas 算法的实现。方程组可以写为：

$$a_i x_{i-1} + b_i x_i + c_i a_i x_{i+1} = d_i$$

以矩阵形式表示为：

$$\begin{bmatrix} b_1 & c_1 & 0 & 0 \\ a_2 & b_2 & \ddots & 0 \\ 0 & \ddots & \ddots & c_{n-1} \\ 0 & 0 & a_n & b_n \end{bmatrix}\begin{bmatrix} x_1 \\ x_1 \\ \vdots \\ x_n \end{bmatrix} = \begin{bmatrix} d_1 \\ d_1 \\ \vdots \\ d_n \end{bmatrix}$$

这里，a 是子对角线列表，b 是对角线列表，c 是超对角线列表。

基于上述方法，通过 Vasicek 模型实现可赎回无息债券定价。

创建 VasicekCZCB 类的代码如下：

```
""" Price a callable zero coupon bond by the Vasicek model """
```

```python
import math
import numpy as np
import scipy.stats as st


class VasicekCZCB:

    def __init__(self):
        self.norminv = st.distributions.norm.ppf
        self.norm = st.distributions.norm.cdf

    def vasicek_czcb_values(self, r0, R, ratio, T, sigma, kappa,
                            theta, M, prob=1e-6,
max_policy_iter=10,
                            grid_struct_const=0.25, rs=None):
        r_min, dr, N, dtau = \
            self.vasicek_params(r0, M, sigma, kappa, theta,
                                T, prob, grid_struct_const, rs)
        r = np.r_[0:N]*dr + r_min
        v_mplus1 = np.ones(N)

        for i in range(1, M+1):
            K = self.exercise_call_price(R, ratio, i*dtau)
            eex = np.ones(N)*K
            subdiagonal, diagonal, superdiagonal = \
                self.vasicek_diagonals(sigma, kappa, theta,
                                       r_min, dr, N, dtau)
            v_mplus1, iterations = \
                self.iterate(subdiagonal, diagonal, superdiagonal,
                             v_mplus1, eex, max_policy_iter)
        return r, v_mplus1

    def vasicek_params(self, r0, M, sigma, kappa, theta, T,
                       prob, grid_struct_const=0.25, rs=None):
        (r_min, r_max) = (rs[0], rs[-1]) if not rs is None \
            else self.vasicek_limits(r0, sigma, kappa,
                                     theta, T, prob)
        dt = T/float(M)
        N = self.calculate_N(grid_struct_const, dt,
                             sigma, r_max, r_min)
        dr = (r_max-r_min)/(N-1)
        return r_min, dr, N, dt

    def calculate_N(self, max_structure_const, dt,
                    sigma, r_max, r_min):
        N = 0
        while True:
            N += 1
            grid_structure_interval = dt*(sigma**2)/(
                ((r_max-r_min)/float(N))**2)
            if grid_structure_interval > max_structure_const:
```

```
            break

        return N

    def vasicek_limits(self, r0, sigma, kappa,
                       theta, T, prob=1e-6):
        er = theta+(r0-theta)*math.exp(-kappa*T)
        variance = (sigma**2)*T if kappa==0 else \
                   (sigma**2)/(2*kappa)*(1-math.exp(-2*kappa*T))
        stdev = math.sqrt(variance)
        r_min = self.norminv(prob, er, stdev)
        r_max = self.norminv(1-prob, er, stdev)
        return r_min, r_max

    def vasicek_diagonals(self, sigma, kappa, theta,
                          r_min, dr, N, dtau):
        rn = np.r_[0:N]*dr + r_min
        subdiagonals = kappa*(theta-rn)*dtau/(2*dr) - \
                       0.5*(sigma**2)*dtau/(dr**2)
        diagonals = 1 + rn*dtau + sigma**2*dtau/(dr**2)
        superdiagonals = -kappa*(theta-rn)*dtau/(2*dr) - \
                         0.5*(sigma**2)*dtau/(dr**2)

        # Implement boundary conditions.
        if N > 0:
            v_subd0 = subdiagonals[0]
            superdiagonals[0] = superdiagonals[0] - \
                                subdiagonals[0]
            diagonals[0] += 2*v_subd0
            subdiagonals[0] = 0

        if N > 1:
            v_superd_last = superdiagonals[-1]
            superdiagonals[-1] = superdiagonals[-1] - \
                                 subdiagonals[-1]
            diagonals[-1] += 2*v_superd_last
            superdiagonals[-1] = 0

        return subdiagonals, diagonals, superdiagonals

    def check_exercise(self, V, eex):
        return V > eex

    def exercise_call_price(self, R, ratio, tau):
        K = ratio*np.exp(-R*tau)
        return K

    def vasicek_policy_diagonals(self, subdiagonal, diagonal,
                                 superdiagonal, v_old, v_new,
eex):
        has_early_exercise = self.check_exercise(v_new, eex)
```

```python
            subdiagonal[has_early_exercise] = 0
            superdiagonal[has_early_exercise] = 0
            policy = v_old/eex
            policy_values = policy[has_early_exercise]
            diagonal[has_early_exercise] = policy_values

            return subdiagonal, diagonal, superdiagonal

    def iterate(self, subdiagonal, diagonal, superdiagonal,
                v_old, eex, max_policy_iter=10):
        v_mplus1 = v_old
        v_m = v_old
        change = np.zeros(len(v_old))
        prev_changes = np.zeros(len(v_old))

        iterations = 0
        while iterations <= max_policy_iter:
            iterations += 1

            v_mplus1 = self.tridiagonal_solve(subdiagonal,
diagonal,
                                                superdiagonal,
v_old)
            subdiagonal, diagonal, superdiagonal = \
                self.vasicek_policy_diagonals(subdiagonal,
diagonal,
                                                superdiagonal,
v_old,
                                                v_mplus1, eex)

            is_eex = self.check_exercise(v_mplus1, eex)
            change[is_eex] = 1

            if iterations > 1:
                change[v_mplus1 != v_m] = 1

            is_no_more_eex = False if True in is_eex else True
            if is_no_more_eex:
                break

            v_mplus1[is_eex] = eex[is_eex]
            changes = (change == prev_changes)

            is_no_further_changes = all((x == 1) for x in changes)
            if is_no_further_changes:
                break

            prev_changes = change
            v_m = v_mplus1

        return v_mplus1, (iterations-1)
```

```
def tridiagonal_solve(self, a, b, c, d):
    nf = len(a)  # Number of equations
    ac, bc, cc, dc = map(np.array, (a, b, c, d))  # Copy the
array
    for it in xrange(1, nf):
        mc = ac[it]/bc[it-1]
        bc[it] = bc[it] - mc*cc[it-1]
        dc[it] = dc[it] - mc*dc[it-1]

    xc = ac
    xc[-1] = dc[-1]/bc[-1]

    for il in xrange(nf-2, -1, -1):
        xc[il] = (dc[il]-cc[il]*xc[il+1])/bc[il]

    del bc, cc, dc  # Delete variables from memory

    return xc
```

假设 r 0 为 0.05，R 为 0.05，ratio 为 0.95，sigma 为 0.03，kappa 为 0.15，theta 为 0.05，prob 为 1e-6，M 为 250，max_policy_iter 为 10，grid_struc_interval 为 0.25，利率在 0% ~2% 之间。以下 Python 代码分别针对期限为 1 年、5 年、7 年、10 年和 20 年的债券。

```
>>> r0 = 0.05
>>> R = 0.05
>>> ratio = 0.95
>>> sigma = 0.03
>>> kappa = 0.15
>>> theta = 0.05
>>> prob = 1e-6
>>> M = 250
>>> max_policy_iter=10
>>> grid_struct_interval = 0.25
>>> rs = np.r_[0.0:2.0:0.1]
>>>
>>> Vasicek = VasicekCZCB()
>>> r, vals = Vasicek.vasicek_czcb_values(r0, R, ratio, 1.,
...                                       sigma, kappa, theta,
...                                       M, prob,
...                                       max_policy_iter,
...                                       grid_struct_interval,
...                                       rs)
>>>
>>> import matplotlib.pyplot as plt
```

```
>>> plt.title("Callable Zero Coupon Bond Values by r")
>>> plt.plot(r, vals, label='1 yr')
>>>
>>> for T in [5., 7., 10., 20.]:
...     r, vals = \
...         Vasicek.vasicek_czcb_values(r0, R, ratio, T,
...                                     sigma, kappa,
...                                     theta, M, prob,
...                                     max_policy_iter,
...                                     grid_struct_interval,
...                                     rs)
...     plt.plot(r, vals, label=str(T)+' yr',
...              linestyle="--", marker=".")
>>>
>>> plt.ylabel("Value ($)")
>>> plt.xlabel("r")
>>> plt.legend()
>>> plt.grid(True)
>>> plt.show()
```

运行上述命令输出如下结果：

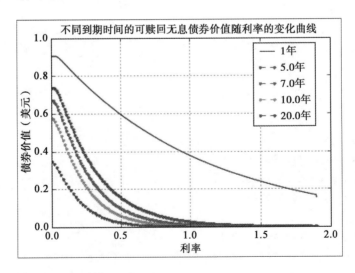

任意利率下任意期限的可赎回无息债券理论价值如上图所示。

5.12.4 可赎回债券定价的其他影响因素

上例借助正态分布过程使用 Vasicek 模型对可赎回无息债券定价进行建模，但 Vasicek 模型可以产生负利率，定量分析人员通常在导数定价中使用多个模型，尽可能多地获得现实结果。CIR 和 Hull-White 模型是金融研究的常用模型，但它们只涉及一个因素或单一不确定性来源。

上述提前行权有限差分的隐式方案也可用有限差分的 Crank-Nicolson 方法替代，其他包括蒙特卡罗模拟在内的方法都是对该模型微调。

上例获得了短期利率和可赎回债券价格的最终清单，为了推断特定短期利率下可赎回债券的公允价值，需要对债券价格列表进行插值。通常，我们使用线性内插法、样条插值和三次样条插值法作为补充。

5.13　总结

本章主要介绍利率和相关衍生产品定价问题。大多数债券（如美国国债）每半年支付固定利息，也可每季度或每年支付利息。债券价格与当前的利率水平反向变化；长期利率高于短期利率的正收益率曲线向上倾斜；在某种经济条件下，收益率曲线可以反转向下倾斜。

无息债券是除本金外不支付利息的债券。本章借助 Python 实现了简单的无息债券计算器。

收益率曲线可以使用自助（bootstrapping）过程从证券短期零利率或即期利率得出。本章基于大量债券信息借助 Python 绘制收益率曲线，从中导出远期利率、债券收益率和债券价格。

对债券交易者而言，债券的两个重要指标是久期和凸度。久期衡量债券价格对收益率变化的敏感程度；凸度衡量对债券久期对到期收益率变化的敏感程度。本章在 Python 中实现可修正久期和凸度的计算。

短期利率模型常用于利率衍生工具的评估，易受经济状况、政府干预、供求法则等因素的影响，本章介绍了 Vasicek 模型、CIR 模型以及 Rendleman and Bartter模型模拟短期利率的方法。

债券发行人可在债券中嵌入期权，以赋予债券发行人在指定时间以商定价格购买或出售所发行债券的权利，而不是义务。可赎回债券价格视作没有期权的债券价格与嵌入看涨期权债券价格的差值。本章借助 Python，通过 Vasicek 模型应用有限差分的隐式方法为无息债券定，这只是定量分析师使用的众多债券期权建模方法之一。

下一章将介绍利用 Python 分析 VSTOXX。

第6章

利用 Python 分析欧洲斯托克 50 指数波动率

投资者使用波动率指数衍生品分散并对冲权益和信用投资风险。投资股票、基金往往面临市场下行的风险,因此长期投资者使用波动性代替看跌期权对冲尾部风险。美国芝加哥期权交易所(CBOE)用 VIX 指数(Volatility Index)衡量 S&P 500 股票指数期权的隐含波动率。VIX 广泛用于衡量未来 30 天内股票市场的波动性。欧洲斯托克 50 指数波动率(VSTOXX)基于 EURO STOXX 50 指数期权(EURO STOXX 50 Index Options,OESX)的市场价格测算,衡量未来 30 天内 EURO STOXX 50 指数的隐含市场波动率。利用 EURO STOXX 50 指数的基准策略(benchmark strategy)与 VSTOXX 负相关的性质提供了一种避免基准再平衡成本(benchmark-rebalancing cost)的可行方法。交易者可依据波动率的统计特性进行均值回归分析、分散交易和波动率价差套利等。

本章讨论以下主题:

❑ STOXX 和欧洲期货交易所

❑ VSTOXX、VIX 和 EURO STOXX 50 指数

❑ 使用 Python 收集 VSTOXX 和 EURO STOXX 50 指数数据

❑ 使用 urllib 和 lxml 模块读取并遍历 HTML 数据

❑ 理解 VSTOXX 发布的文件数据格式

❑ 对 EURO STOXX 50 指数和 VSTOXX 进行财务分析

❑ 从欧洲期货交易所网站收集 OESX 数据

❑ VSTOXX 子指数的计算公式

❑ 使用 OESX 计算 VSTOXX 子指数

❑ VSTOXX 主指数的计算公式

❑ 由 VSTOXX 子指数计算 VSTOXX 主指数

❑ 分析计算值和实际值间的结果差异

6.1 波动率指数衍生品

全球两个主流波动率指数是美国 VIX 和欧洲 VSTOXX 指数。VSTOXX 基于欧洲期货交易所 OESX 指数生成。欧洲期货交易所网站提供有关 VSTOXX 子指数和历史数据的全面信息。本节首先介绍这些产品的背景，后文将对其进行财务分析。

6.1.1 STOXX 与欧洲期货交易所

在美国，道琼斯工业平均指数是最受关注的股票市场指数之一。STOXX 有限公司相当于欧洲的道琼斯公司，它成立于 1997 年，总部位于瑞士苏黎世，作为指数提供商，在全球开发、维护、运营并销售近 7000 个严谨且透明的指数。

STOXX 提供的股票指数有：基准指数、蓝筹股指数、股息指数、规模指数、行业指数、风格指数、优化指数、战略指数、主题指数、可持续性指数和智能beta 指数等。

欧洲期货交易所是一家位于德国法兰克福的衍生品交易所，提供超过 1900种产品，包括股指、期货、期权、ETF、股息、债券和股票回购。许多 STOXX 的产品和衍生品在欧洲期货交易所上市。

6.1.2 EURO STOXX 50 指数

STOXX 设计的 EURO STOXX 50 指数是全球最重要的股票指数之一，于 1998年 2 月 26 日推出，由来自 12 个欧元区国家——奥地利、比利时、芬兰、法国、德国、希腊、爱尔兰、意大利、卢森堡、荷兰、葡萄牙和西班牙的 50 个蓝筹股股票组成。它的期货和期权合约可在欧洲期货交易所买卖。该指数基于实时价格，通常每 15 秒重新计算一次。

EURO STOXX 50 指数的代码是 SX5E，EURO STOXX 50 指数期权的代码为OESX，本章后续将会使用这些符号。

6.1.3 VSTOXX

VSTOXX 或 EURO STOXX 50 波动率是由欧洲期货交易所推出的波动性衍生

产品。VSTOXX 市场指数基于一篮子 OESX 市场价格的平值或虚值报价测算，衡量未来 30 天内 EURO STOXX 50 指数的隐含市场波动。

波动率指数衍生品是可交易产品，其收益取决于相关资产的波动性，如波动率互换和方差互换产品。

投资者将波动率指数衍生品作为利用 EURO STOXX 50 指数的基准策略，其与 VSTOXX 负相关的性质可避免基准再平衡成本。交易者可利用波动率的统计性质执行均值回归策略、离差交易和波动率差价交易等，每 5 秒重新计算一次指数值。

VSTOXX 的代码为 V2TX。VSTOXX 期权和基于 VSTOXX 指数的 VSTOXX 迷你期货在欧洲期交所交易。

6. 1. 4　VIX

与 STOXX 一样，CBOE 波动率指数（VIX）衡量 500 股指期权价格隐含的短期波动性，每 15 秒重新计算一次，是测算未来 30 天股市波动的重要指标。

基于 VIX 的 VIX 期权和 VIX 期货在芝加哥期权交易所交易。

6. 2　获取 EUROX STOXX 50 指数和 VSTOXX 数据

STOXX 网站公布每日历史收盘价格指数，网址为 http://www. stoxx. com/data/historical/historical_benchmark. html。

STOXX Europe 600 指数可在 http://www. stoxx. com/download/historical_values/hbrbcpe. txt 中 Historical Data 目录下的 Benchmark Indices 获得，其中包含 EURO STOXX 50 指数数据。

VSTOXX 每日历史数据可在 http://www. stoxx. com/download/historical_values/h_vstoxx. txt 获得，EURO STOXX 50 波动率位于该网站 Historical Data 目录下的 Strategy Indices。

利用 Python 的 urllib 模块可通过 urlretrieve 函数与 Web 资源交互，从外部源下载数据到本地磁盘。

以下 Python 代码能将数据文本文件下载到由 data_folder 变量定义的目标目录中。本例使用名为 data 的文件夹，若工作目录不存在此文件夹，请运行代码前先行创建：

```
from urllib import urlretrieve

url_path = 'http://www.stoxx.com/download/historical_values/'
stoxxeu600_url = url_path + 'hbrbcpe.txt'
vstoxx_url = url_path + 'h_vstoxx.txt'

data_folder = 'data/'  # Save file to local target destination.

stoxxeu600_filepath = data_folder + "stoxxeu600.txt"
vstoxx_filepath = data_folder + "vstoxx.txt"
```

运行以下命令下载 STOXX Europe 600 指数数据文件：

```
>>> urlretrieve(stoxxeu600_url, stoxxeu600_filepath)
('data/stoxxeu600.txt', <httplib.HTTPMessage instance at 0x105b47290>)
```

运行以下命令下载 VSTOXX 数据文件：

```
>>> urlretrieve(vstoxx_url, vstoxx_filepath)
('data/vstoxx.txt', <httplib.HTTPMessage instance at 0x105c764d0>)
```

运行以下命令检查数据是否成功下载到硬盘：

```
>>> import os.path
>>> os.path.isfile(stoxxeu600_filepath)
True
>>> os.path.isfile(vstoxx_filepath)
True
```

上述结果表明该文件已存在，否则输出结果为 False。

使用 STOXX Europe 600 数据文件，查看文本前五行数据：

```
>>> with open(stoxxeu600_filepath, 'r') as opened_file:
...     for i in range(5):
...         print opened_file.readline(),
Price Indices - EURO Currency
Date     ;Blue-Chip;Blue-Chip;Broad     ; Broad    ;Ex UK     ;Ex Euro
Zone;Blue-Chip; Broad
         ; Europe ;Euro-Zone;Europe    ;Euro-Zone;         ;          ;
Nordic   ; Nordic
         ; SX5P   ; SX5E   ;SXXP      ;SXXE     ; SXXF    ;     SXXA    ;
DK5F ; DKXF
31.12.1986;775.00 ;  900.82 ;   82.76 ;   98.58 ;   98.06 ;   69.06 ;
645.26   ;  65.56
```

STOXX Europe 600 文本文件的数据以分号分隔。第四行指数标题是 Date、SX5P、SX5E、SXXP、SXXE、SXXF、SXXA、DK5F 和 DKXF。用 pandas 函数将上述数据解析成 DataFrame 对象，代码如下所示：

```
import pandas as pd

columns = ['Date', 'SX5P', 'SX5E', 'SXXP', 'SXXE',
           'SXXF', 'SXXA', 'DK5F', 'DKXF', 'EMPTY']
stoxxeu600 = pd.read_csv(stoxxeu600_filepath,
                index_col=0,
                parse_dates=True,
                dayfirst=True,
                header=None,
                skiprows=4,
                names=columns,
                sep=';'
                )
del stoxxeu600['EMPTY']
```

上述代码在每行尾部分号后添加一个 EMPTY 列，解析完成后，删除该列信息。

pandas 函数中的 read_csv 函数将文件解析并转换为 pandas DataFrame 对象。DataFrame 对象是一个类似于表格的二维数据结构。其余参数表明将第一列值作为日期对象，忽略前四行，用分号分隔并解析数据，引入列变量中定义的列名。stoxx50 变量可接受 pandas DataFrame 数据类型，可使用 pandas 的 info 函数查看新 DataFrame 对象的更多内容，代码如下所示：

```
>>> stoxxeu600.info()
<class 'pandas.core.frame.DataFrame'>
DatetimeIndex: 7189 entries, 1986-12-31 00:00:00 to 2014-11-17 00:00:00
Data columns (total 8 columns):
SX5P    7189 non-null float64
SX5E    7189 non-null float64
SXXP    7189 non-null float64
SXXE    7189 non-null float64
SXXF    7189 non-null float64
SXXA    7189 non-null float64
DK5F    7189 non-null float64
DKXF    7189 non-null float64
dtypes: float64(8)
```

STOXX Europe 600 数据文件的列定义如下表所示：

缩 写	基 准 指 数
SX5P	STOXX Europe 50
SX5E	Euro STOXX 50 Index
SXXP	STOXX Europe 600
SXXE	EURO STOXX
SXXF	STOXX Europe 600 ex UK
SXXA	STOXX Europe 600 ex Eurozone
DK5F	STOXX Nordic 30
DKXF	STOXX Nordic

采用同样的方法处理 VSTOXX 数据文件：

```
>>> with open(vstoxx_filepath, 'r') as opened_file:
...     for i in range(5):
...         print opened_file.readline(),
EURO STOXX 50 Volatility Indices,,,,,,,,,
,VSTOXX,Sub-Index 1M,Sub-Index 2M,Sub-Index 3M,Sub-Index 6M,Sub-Index
9M,Sub-Index 12M,Sub-Index 18M,Sub-Index 24M
Date,V2TX,V6I1,V6I2,V6I3,V6I4,V6I5,V6I6,V6I7,V6I8
04.01.1999,18.2033,21.2458,17.5555,31.2179,33.3124,33.7327,33.2232,31.853
5,23.8209
05.01.1999,29.6912,36.6400,28.4274,32.6922,33.7326,33.1724,32.8457,32.290
4,25.0532
```

由输出信息可知，VSTOXX 数据文件与 STOXX Europe 600 数据文件略有不同。VSTOXX 文本的数据由逗号分隔，前两行包含将舍弃的附加信息。

以相同方式对 STOXX Europe 600 数据文件执行相同操作，将 VSTOXX 数据文本解析为 pandas DataFrame 对象：

```
vstoxx = pd.read_csv(vstoxx_filepath,
                index_col=0,
                parse_dates=True,
                dayfirst=True,
                header=2)
```

便于后文读取 VSTOXX 数据，将其保存在 data 文件夹，名称为 vstoxx.csv：

```
>>> vstoxx.to_csv('data/vstoxx.csv')
```

vstoxx 变量现在是 pandas DataFrame 对象类型，可以使用 pandas 的 info 函数查看它的属性：

```
>>> print vstoxx.info()
<class 'pandas.core.frame.DataFrame'>
DatetimeIndex: 4046 entries, 1999-01-04 00:00:00 to 2014-11-17 00:00:00
```

```
Data columns (total 9 columns):
V2TX     4046 non-null float64
V6I1     3625 non-null float64
V6I2     4046 non-null float64
V6I3     3995 non-null float64
V6I4     4046 non-null float64
V6I5     4046 non-null float64
V6I6     4031 non-null float64
V6I7     4046 non-null float64
V6I8     4035 non-null float64
dtypes: float64(9)
```

VSTOXX 数据文件的列定义如下表所示：

缩　写	指　数
V2TX	实际的 EURO STOXX 50 波动性价值
V6I1	VSTOXX 1 月
V6I2	VSTOXX 2 月
V6I3	VSTOXX 3 月
V6I4	VSTOXX 6 月
V6I5	VSTOXX 9 月
V6I6	VSTOXX 12 月
V6I7	VSTOXX 18 月
V6I8	VSTOXX 24 月

6.3　数据合并

STOXX Europe 600 和 VSTOXX 数据文件的最早开始日期分别为 31.12.1986 和 04.01.1999，下面要求这两个数据集从最早共同日期 04.01.1999 开始，使用 SX5E 和 V2TX 列的值检索 EURO STOXX 50 指数和 VSTOXX 历史数据值。以下 Python 代码将这些值提取到新的 pandas DataFrame 对象：

```
import datetime as dt

cutoff_date = dt.datetime(1999, 1, 4)
data = pd.DataFrame(
{'EUROSTOXX' :stoxxeu600['SX5E'][stoxxeu600.index >= cutoff_date],
 'VSTOXX':vstoxx['V2TX'][vstoxx.index >= cutoff_date]})
```

检验 DataFrame 信息:

```
>>> print data.info()
<class 'pandas.core.frame.DataFrame'>
DatetimeIndex: 4072 entries, 1999-01-04 00:00:00 to 2014-11-18 00:00:00
Data columns (total 2 columns):
EUROSTOXX    4071 non-null float64
VSTOXX       4046 non-null float64
dtypes: float64(2)
```

新 DataFrame 对象的前五行如下所示:

```
>>> print data.head(5)
            EUROSTOXX    VSTOXX
Date
1999-01-04    3543.10   18.2033
1999-01-05    3604.67   29.6912
1999-01-06    3685.36   25.1670
1999-01-07    3627.87   32.5205
1999-01-08    3616.57   33.2296
```

6.4 SX5E 与 V2TX 的财务分析

pandas 的 describe 函数可实现 pandas DataFrame 对象每一列值的汇总统计:

```
>>>  print data.describe()
         EUROSTOXX        VSTOXX
count  4072.000000   4048.000000
mean   3254.538183     25.305428
std     793.191950      9.924404
min    1809.980000     11.596600
25%    2662.460000     18.429500
50%    3033.880000     23.168600
75%    3753.542500     28.409550
max    5464.430000     87.512700
[8 rows x 2 columns]
```

pandas 可使用 plot 函数将 DataFrame 对象的值以图形输出。下面绘制 EURO
STOXX 50 和 VSTOX 的历史图形:

```
>>> from pylab import *
>>> data.plot(subplots=True,
```

```
...            figsize=(10, 8),
...            color="blue",
...            grid=True)
>>> show()
Populating the interactive namespace from numpy and matplotlib
array([<matplotlib.axes.AxesSubplot object at 0x10f4464d0>,
<matplotlib.axes.AxesSubplot object at 0x10f4feed0>], dtype=object)
```

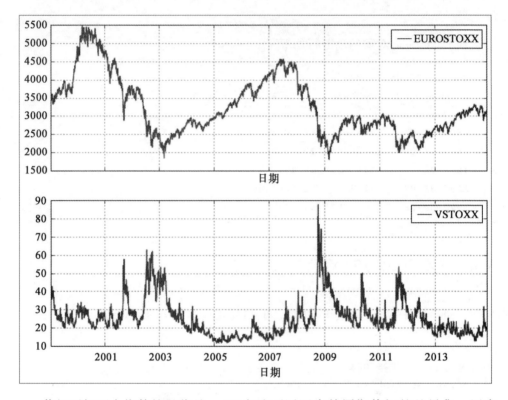

若想了解两个指数的日收益，diff 方法可返回先前周期值间的差异集。用直方图表示间隔为 100 的二进制数据估计值：

```
>>> data.diff().hist(figsize=(10, 5),
...                color='blue',
...                bins=100)
array([[<matplotlib.axes.AxesSubplot object at 0x11083d910>,
<matplotlib.axes.AxesSubplot object at 0x110f3f7d0>]], dtype=object)
```

pct_change 函数也可达到相同效果，它给出相对于前一周期数值的变化百分比：

```
>>> data.pct_change().hist(figsize=(10, 5),
...                    color='blue',
```

```
...                              bins=100)
array([[<matplotlib.axes.AxesSubplot object at 0x11132b810>,
<matplotlib.axes.AxesSubplot object at 0x111ef1f90>]], dtype=object)
```

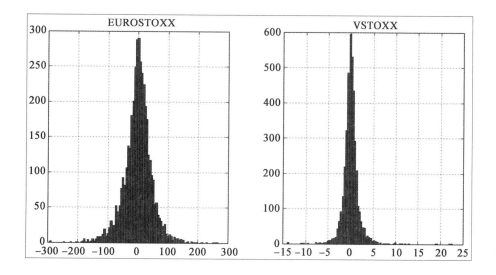

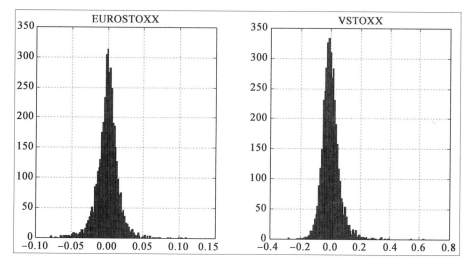

这里使用对数收益率（log return）对收益进行定量分析，相较于算数收益率（simple return），它能实现数据标准化，即避免出现负值。

我们可以使用 pandas 的 shift 函数转换某些期间的数值。dropna 函数在对数计算结束时删除未使用的值。NumPy 的 log 函数计算 DataFrame 对象中所有值的对数，将其作为向量，以 DataFrame 对象存储于 log_returns 变量。然后以同样的方式绘制对数值图形，输出每日对数收益率的图表。下面是绘制对数值的代码：

```
>>> from pylab import *
>>> import numpy as np
>>>

>>> log_returns = np.log(data / data.shift(1)).dropna()
>>> log_returns.plot(subplots=True,
...                  figsize=(10, 8),
...                  color='blue',
...                  grid=True)
>>> show()
Populating the interactive namespace from numpy and matplotlib
array([<matplotlib.axes.AxesSubplot object at 0x11553f1d0>,
<matplotlib.axes.AxesSubplot object at 0x117c15990>], dtype=object)
```

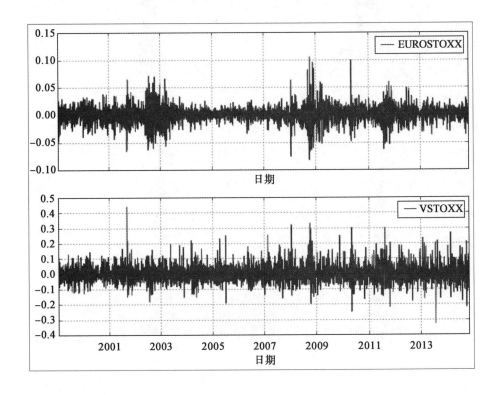

6.5 SX5E 与 V2TX 的相关性

下例使用 corr 函数推导 pandas DataFrame 对象中每列值的相关性:

```
>>> print log_returns.corr()
           EUROSTOXX    VSTOXX
EUROSTOXX   1.000000 -0.732545
```

```
VSTOXX       -0.732545  1.000000
[2 rows x 2 columns]
```

在 -0.7325 处，EURO STOXX 50 指数与 STOXX 负相关。我们可以将每日对数收益率的集合绘制为散点图，statsmodels. api 模块用于模拟分散数据间的普通最小二乘回归线：

```
>>> import statsmodels.api as sm
>>>
>>> log_returns.plot(figsize=(10,8),
...                   x="EUROSTOXX",
...                   y="VSTOXX",
...                   kind='scatter')
>>>
>>> ols_fit = sm.OLS(log_returns['VSTOXX'].values,
...              log_returns['EUROSTOXX'].values).fit()
>>>
>>> plot(log_returns['EUROSTOXX'], ols_fit.fittedvalues, 'r')
[<matplotlib.lines.Line2D at 0x117704550>]
```

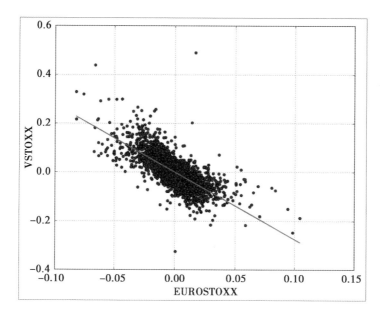

上图向下倾斜的回归线证实了 EURO STOXX 50 和 VSTOXX 指数间的负相关关系。

pandas 的 rolling_corr 函数计算两个时间序列间的移动窗口相关性，使用值 252 表示移动窗口的交易天数，以下命令计算年度滚动相关性（annual rolling correlation）：

```
>>> pd.rolling_corr(log_returns['EUROSTOXX'],
...                  log_returns['VSTOXX'],
...                  window=252).plot(figsize=(10,8))
>>> plt.ylabel('Rolling Annual Correlation')
<matplotlib.text.Text at 0x118feb810>
```

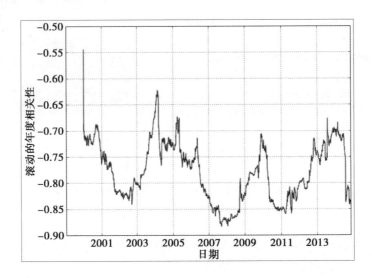

可以看出，EURO STOXX 50 指数和 VSTOXX 在整个存续期内每年 252 个交易日中呈负相关关系。

6.6　计算 VSTOXX 子指数

我们之前下载的 VSTOXX 数据文件 vstoxx.txt 由 8 个子指数组成，代表期限为 1、2、3、6、9、12、18 和 24 个月的 EURO STOXX 50 期权波动率指数。VSTOXX 指数代表未来 30 天的波动率情况。

我们通过研究 VSTOXX 子指数的波动情况反映 VSTOXX 指数波动性，为此需要参考欧洲期货交易所上市的 OESX 看涨和看跌期权价格。

6.6.1　获取 OESX 数据

Eurex Exchange 网站包含过去 30 天看涨期权历史价格。我们需要借助 Python 应用函数来从 http://www.eurexchange.com/exchange-en/market-data/statistics/market-statistics-online 获取数据，将其存储在 pandas DataFrame 对象中。

期权价格网页的屏幕截图如下：

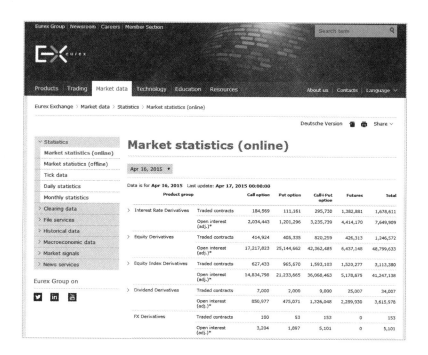

在 Market statistics（online）页面，转到 Equity Index Derivatives，点击 Blue Chip，点击 OESX，关键信息将在此页上显示。首先，下拉框包含可供选择日期的列表；其次该页面包含价格最后更新日期和时间；另外，该页面包含所选日期到期月份的期权列表。选择期权类型和到期月份，转到包含每日期权价格表格的页面。

以下屏幕截图显示所选日期的看涨期权价格，看跌期权价格在一个单独的链接中显示：

Product ISIN

Call | Put

Strike price	Version number	Opening price	Daily High	Daily Low	Underlying closing price	Daily settlem. price	Traded contracts	Open Interest (adj.)*
500.00	0.00	0.00	0.00	0.00	0.00	2,690.00	0	4,481
550.00	0.00	0.00	0.00	0.00	0.00	2,640.00	0	0
600.00	0.00	0.00	0.00	0.00	0.00	2,590.00	200	8,064
650.00	0.00	0.00	0.00	0.00	0.00	2,540.00	0	0
700.00	0.00	0.00	0.00	0.00	0.00	2,490.00	0	890

该表包含有关期权价格的综合信息，利用 Strike price 和 Daily settlem. price 两列可以导出选定到期月份子指数的假设值。

6.6.2 计算 VSTOXX 子指数的公式

可在 STOXX 网站 http://www.stoxx.com/download/indices/rulebooks/stoxx_strategy_guide.pdf 获取《STOXX Strategy Index Guide》，该文档包含计算欧洲期货交易所系统中指数的公式。

VSTOXX 子指数的值为：

$$V = 100 \sqrt{\sigma^2}$$

其中：

$$\sigma^2 = \frac{2}{T_i/T_{365}} \sum_j \frac{\Delta K_{i,j}}{K_{i,j}^2} R_i M(K_{i,j}) - \frac{2}{T_i/T_{365}} \left[\frac{F_i}{K_{i,0}} - 1 \right]^2$$

T_i 是以秒表示的第 i 个 OESX 到期时间，T_{365} 是 365 天的秒数。

$K_{i,0}$ 是不超过远期价格 F_i 的最高行权价格。

F_i 是从第 i 个 OESX 到期日价格计算的远期平值价格，其中看涨价格（C）和看跌价格（P）的绝对差最小，可以写为：

$$F_i = K_{\min|C-P|} + R_i(C - P)$$

如果存在多个相同的价格差异，$K_{i,0}$ 将低于这些远期价格的平均值且最接近行权价格。

$\Delta K_{i,j}$ 是高低行权价格 $K_{i,j}$ 的差，在最大和最小行权价格边界，$\Delta K_{i,j}$ 是最高和第二高行权价格的差。该值还可以写为：

$$\Delta K_i = \begin{cases} K_1 - K_0, \ i = 0 \\ \dfrac{K_{i+1} - K_{i-1}}{2}, \ i = 1 \sim n - 1 \\ K_n - K_{n-1}, \ i = n \end{cases}$$

R_i 是到期前剩余时间的复利利率，可以写为：

$$R_i = e^{r_i \frac{T_i}{T_{365}}}$$

r_i 是第 i 个 OESX 到期日可用的内插利率。

$M(K_{i,j})$ 是虚值期权的价格，该值低于 $K_{i,0}$ 的看跌期权、高于 $K_{i,0}$ 的看涨期权。在 $K_{i,0}$ 该值是看涨和看跌期权价格的平均值。

$$M(K_{i,j}) = \begin{cases} P_1, \ K_{i,j} < K_{i,0} \\ \dfrac{P_i - C_i}{2}, \ K_{i,j} = K_{i,0} \\ C_v, \ K_{i,j} > K_{i,0} \end{cases}$$

6.6.3　VSTOXX 子指数值的实现

创建以下的类实现从 Eurex 网页读取、解析数据，计算子指数值，并保存在 CSV 文件中。

OptionUtility 类包含多个程序方法，能在字符串和 Python 日期对象之间执行日期和时间转换函数。方法解释如下：

❑ VSTOXXCalculator 类包含 calculate_sub_index 方法，包含计算特定期权序列子指数的公式。

❑ EurexWebPage 类包含与 Eurex 网页数据交互的方法，需提前在 http://lxml. de 获取 lxml Python 模块。

❑ VSTOXXSubIndex 类包含以下获取数据并计算外部文件子指数的方法：

　● __init__（self, path_to_subindexes）：将对象初始化，输出值存储在 CSV 文件中，由 path_to_subindexes 变量指示。

　● start（self, months = 2, r = 0.015）：这是开始下载和计算数据过程的主要方法。默认情况假设利率为 1.5%，计算还有 2 个月到期的期权子指数。for 循环迭代处理每个特定历史数据，print 函数可跟踪进度。

　● calculate_and_save_sub_indexes（self, selected_date, months_fwd, r）：接收从下拉列表中选择的日期，提取下个月起至到期日（由 months_fwd 变量给出）的期权数据。基于提取的每个到期月份信息，计算子指数并保存在 CSV 文件中。

　● save_vstoxx_sub_index_to_csv（self, current_dt, sub_index, month）：以一个 pandas DataFrame 对象的形式将单个到期月中单个交易日的单个子指数值保存为 CSV 文件。若 DataFrame 对象不存在，则创建一个。否则，现有数据将附加到 DataFrame 并保存。

　● get_data（self, current_dt, expiry_dt）：分别提取看涨和看跌期权序列数据，将其合并为单个 pandas DataFrame 对象，返回数据集和数据的时间。

调用 start 方法收集 2 个月内到期的历史期权序列数据，运行以下程序：

```
>>> vstoxx_subindex = VSTOXXSubIndex(
...     "data/vstoxx_sub_indexes.csv")
```

```
>>> vstoxx_subindex.start(2)
Collecting historical data for 20141030 ...
Collecting historical data for 20141031 ...
Collecting historical data for 20141103 ...
...
Collecting historical data for 20141126 ...
Completed.
```

数据将保存在工作目录文件夹的 data/vstoxx_sub_indexes.csv。

下述代码包含上述所有类：

```python
import calendar as cal
import datetime as dt


class OptionUtility(object):

    def get_settlement_date(self, date):
        """ Get third friday of the month """
        day = 21 - (cal.weekday(date.year, date.month, 1) + 2) % 7
        return dt.datetime(date.year, date.month, day, 12, 0, 0)

    def get_date(self, web_date_string, date_format):
        """ Parse a date from the web to a date object """
        return dt.datetime.strptime(web_date_string, date_format)

    def fwd_expiry_date(self, current_dt, months_fws):
        return self.get_settlement_date(
            current_dt + relativedelta(months=+months_fws))



import math


class VSTOXXCalculator(object):

    def __init__(self):
        self.secs_per_day = float(60*60*24)
        self.secs_per_year = float(365*self.secs_per_day)

    def calculate_sub_index(self, df, t_calc, t_settle, r):
        T = (t_settle-t_calc).total_seconds()/self.secs_per_year
        R = math.exp(r*T)

        # Calculate dK
        df["dK"] = 0
        df["dK"][df.index[0]] = df.index[1]-df.index[0]
        df["dK"][df.index[-1]] = df.index[-1]-df.index[-2]
```

```
        df["dK"][df.index[1:-1]] = (df.index.values[2:]-
                                     df.index.values[:-2])/2
        # Calculate the forward price
        df["AbsDiffCP"] = abs(df["Call"]-df["Put"])
        min_val = min(df["AbsDiffCP"])
        f_df = df[df["AbsDiffCP"]==min_val]
        fwd_prices = f_df.index+R*(f_df["Call"]-f_df["Put"])
        F = np.mean(fwd_prices)

        # Get the strike not exceeding forward price
        K_i0 = df.index[df.index <= F][-1]

        # Calculate M(K(i,j))
        df["MK"] = 0
        df["MK"][df.index < K_i0] = df["Put"]
        df["MK"][K_i0] = (df["Call"][K_i0]+df["Put"][K_i0])/2.
        df["MK"][df.index > K_i0] = df["Call"]
        # Apply the variance formula to get the sub-index
        summation = sum(df["dK"]/(df.index.values**2)*R*df["MK"])
        variance = 2/T*summation-1/T*(F/float(K_i0)-1)**2
        subindex = 100*math.sqrt(variance)
        return subindex



import urllib
from lxml import html



class EurexWebPage(object):

    def __init__(self):
        self.url = "%s%s%s%s%s" % (
            "http://www.eurexchange.com/",
            "exchange-en/market-data/statistics/",
            "market-statistics-online/180102!",
            "onlineStats?productGroupId=846&productId=19068",
            "&viewType=3")
        self.param_url = "&cp=%s&month=%s&year=%s&busDate=%s"
        self.lastupdated_dateformat = "%b %d, %Y %H:%M:%S"
        self.web_date_format = "%Y%m%d"
        self.__strike_price_header__ = "Strike price"
        self.__prices_header__ = "Daily settlem. price"
        self.utility = OptionUtility()

    def get_available_dates(self):
        html_data = urllib.urlopen(self.url).read()
        webpage = html.fromstring(html_data)

        # Find the dates available on the website
        dates_listed = webpage.xpath(
```

```
                    "//select[@name='busDate']" +
                    "/option")

            return [date_element.get("value")
                    for date_element in reversed(dates_listed)]

    def get_date_from_web_date(self, web_date):
        return self.utility.get_date(web_date,
                                     self.web_date_format)
    def get_option_series_data(self, is_call,
                               current_dt, option_dt):
        selected_date = current_dt.strftime(self.web_date_format)
        option_type = "Call" if is_call else "Put"
        target_url = (self.url +
                      self.param_url) % (option_type,
                                         option_dt.month,
                                         option_dt.year,
                                         selected_date)
        html_data = urllib.urlopen(target_url).read()
        webpage = html.fromstring(html_data)
        update_date = self.get_last_update_date(webpage)
        indexes = self.get_data_headers_indexes(webpage)
        data = self.__get_data_rows__(webpage,
                                      indexes,
                                      option_type)
        return data, update_date


    def __get_data_rows__(self, webpage, indexes, header):
        data = pd.DataFrame()
        for row in webpage.xpath("//table[@class='dataTable']/" +
                                 "tbody/tr"):
            columns = row.xpath("./td")
            if len(columns) > max(indexes):
                try:
                    [K, price] = \
                        [float(columns[i].text.replace(",",""))
                         for i in indexes]
                    data.set_value(K, header, price)
                except:
                    continue
        return data


    def get_data_headers_indexes(self, webpage):
        table_headers = webpage.xpath(
            "//table[@class='dataTable']" + \
            "/thead/th/text()")
        indexes_of_interest = [
            table_headers.index(
                self.__strike_price_header__),
            table_headers.index(
                self.__prices_header__)]
        return indexes_of_interest
```

```python
    def get_last_update_date(self, webpage):
        return dt.datetime.strptime(webpage.
                                    xpath("//p[@class='date']/b")
                                    [-1].text,
                                    self.lastupdated_dateformat)



import pandas as pd

from dateutil.relativedelta import relativedelta
import numpy as np
import thread

class VSTOXXSubIndex:

    def __init__(self, path_to_subindexes):
        self.sub_index_store_path = path_to_subindexes
        self.utility = OptionUtility()
        self.webpage = EurexWebPage()
        self.calculator = VSTOXXCalculator()
        self.csv_date_format = "%m/%d/%Y"

    def start(self, months=2, r=0.015):
        # For each date available, fetch the data
        for selected_date in self.webpage.get_available_dates():
            print "Collecting historical data for %s..." % \
                selected_date
            self.calculate_and_save_sub_indexes(
                selected_date, months, r)

        print "Completed."

    def calculate_and_save_sub_indexes(self, selected_date,
                                       months_fwd, r):
        current_dt = self.webpage.get_date_from_web_date(
            selected_date)

        for i in range(1, months_fwd+1):
            # Get settlement date of the expiring month
            expiry_dt = self.utility.fwd_expiry_date(
                current_dt, i)
            # Get calls and puts of expiring month
            dataset, update_dt = self.get_data(current_dt,
                                               expiry_dt)
            if not dataset.empty:
                sub_index = self.calculator.calculate_sub_index(
                    dataset, update_dt, expiry_dt, r)
                self.save_vstoxx_sub_index_to_csv(
                    current_dt, sub_index, i)

    def save_vstoxx_sub_index_to_csv(self, current_dt,
```

```
                                    sub_index, month):
    subindex_df = None
    try:
        subindex_df = pd.read_csv(self.sub_index_store_path,
                                  index_col=[0])
    except:
        subindex_df = pd.DataFrame()

    display_date = current_dt.strftime(self.csv_date_format)
    subindex_df.set_value(display_date,
                          "I" + str(month),
                          sub_index)
    subindex_df.to_csv(self.sub_index_store_path)

def get_data(self, current_dt, expiry_dt):
    """ Fetch and join calls and puts option series data """
    calls, dt1 = self.webpage.get_option_series_data(
        True, current_dt, expiry_dt)
    puts, dt2 = self.webpage.get_option_series_data(
        False, current_dt, expiry_dt)
    option_series = calls.join(puts, how='inner')
    if dt1 != dt2:
        print "Error: 2 different underlying prices."

    return option_series, dt1
```

6.6.4 分析结果

至此, 工作目录 data 文件夹中应该有以下两个文件: vstoxx. csv 和 vstoxx_sub
_indexes. csv。子指数文件包含子指数的计算值。运行如下代码, 绘制距到期 2 个
月的子指数图形:

```
import pandas as pd

vstoxx_sub_indexes = pd.read_csv('data/vstoxx_sub_indexes.csv',
                                 index_col=[0],
                                 parse_dates=True, dayfirst=False)
vstoxx = pd.read_csv('data/vstoxx.csv', index_col=[0],
                     parse_dates=True, dayfirst=False)

start_dt = min(vstoxx_sub_indexes.index.values)
vstoxx = vstoxx[vstoxx.index >= start_dt]

from pylab import *
new_pd = pd.DataFrame(vstoxx_sub_indexes["I2"])
new_pd = new_pd.join(vstoxx["V6I2"], how='inner')
new_pd.plot(figsize=(10, 6), grid=True)
```

将这些值与 2 个月到期的期权值比较, 检验模型效果:

```
>>> show()
Populating the interactive namespace from numpy and matplotlib
<matplotlib.axes.AxesSubplot at 0x10f090c10>
```

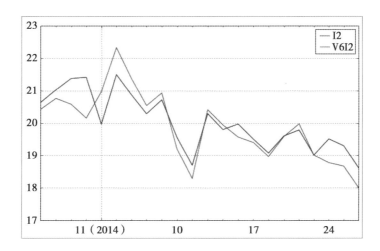

我们可以看到，计算值大致与 V6I2 值同方向变动。

6.7　计算 VSTOXX 主指数

利用之前 vstoxx. csv 文件的数据，我们可以计算 VSTOXX 主指数，公式如下：

$$VSTOXX_i = \sqrt{\left[\frac{N_i}{N_{365}}\left(\frac{N_{i+1} - N_{30}}{N_{i+1} - N_i}\right)VSTOXX_1^2 + \frac{N_{i+1}}{N_{365}}\left(\frac{N_{30} - N_i}{N_{i+1} - N_i}\right)VSTOXX_2^2\right]\frac{365}{30}}$$

其中，

N_{365} 和 N_{30} 分别为一年和 30 天的秒数。

N_i 是离到期最近的 OESX 到期时间（以秒计）。

N_{i+1} 是离到期第二近的 OESX 的到期时间（以秒计）。

calculate_vstoxx_ index 方法可实现上述公式：

```
import math

def calculate_vstoxx_index(dataframe, col_name):
    secs_per_day = float(60*60*24)
    utility = OptionUtility()

    for row_date, row in dataframe.iterrows():
        # Set each expiry date with an
        # expiration time of 5p.m
```

```
    date = row_date.replace(hour=17)

    # Ensure dates and sigmas are in legal range
    expiry_date_1 = utility.get_settlement_date(date)
    expiry_date_2 = utility.fwd_expiry_date(date, 1)
    days_diff = (expiry_date_1-date).days
    sigma_1, sigma_2 = row["V6I1"], row["V6I2"]
    if -1 <= days_diff <= 1:
        sigma_1, sigma_2 = row["V6I2"], row["V6I3"]
    if days_diff <= 1:
        expiry_date_1 = expiry_date_2
        expiry_date_2 = utility.fwd_expiry_date(date, 2)

    # Get expiration times in terms of seconds
    Nti = (expiry_date_1-date).total_seconds()
    Nti1 = (expiry_date_2-date).total_seconds()

    # Calculate index as per VSTOXX formula in seconds
    first_term = \
        (Nti1-30*secs_per_day)/ \
        (Nti1-Nti)*(sigma_1**2)*Nti/ \
        (secs_per_day*365)
    second_term = \
        (30*secs_per_day-Nti)/ \
        (Nti1-Nti)*(sigma_2**2)*Nti1/ \
        (secs_per_day*365)
    sub_index = math.sqrt(365.*(first_term+second_term)/30.)
    dataframe.set_value(row_date, col_name, sub_index)

return dataframe
```

注意，该函数需要使用前述 OptionUtility 类计算结算日期。如果计算日期小于或等于 1，则进行调整；如果计算日期超过同月的到期日，则使用下个月的值。

从 VSTOXX 数据文件取样，导入 calculate_ vstoxx_index 函数，可实现计算值与 VSTOXX 实际值的比较。由于数据文件日期很长，本例只对最后 100 个子指数值取样，代码如下所示：

```
>>> sample = vstoxx.tail(100)  # From the previous section
>>> sample = calculate_vstoxx_index(sample, "Calculated")
>>>
>>> vstoxx_df = sample["V2TX"]
>>> calculated_df = sample["Calculated"]
>>> df = pd.DataFrame({'VSTOXX' : sample["V2TX"],
...                'Calculated' : sample["Calculated"]})
>>>  df.plot(figsize=(10, 6), grid=True, style=['ro','b'])
```

输出结果如下：

```
<matplotlib.axes.AxesSubplot at 0x10c971f90>
```

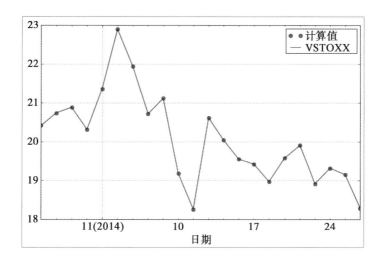

以点标记的计算值非常接近 VSTOXX 实际值。

6.8　总结

本章介绍了波动率衍生品及其使用，以分散权益和信用投资风险。由于投资股票基金往往面临市场下行的风险，因此长期投资者使用波动性代替看跌期权以对冲尾部风险。在美国，芝加哥期权交易所（CBOE）VIX 指数（Volatility Index）衡量 S&P 500 股票指数期权的隐含波动率。在欧洲 EURO STOXX 50 指数波动率（EURO STOXX 50 Volatility，VSTOXX）基于 EURO STOXX 50 指数期权（Euro STOXX 50 Index Options，OESX）的一篮子市场价格测算，衡量未来 30 天内 EURO STOXX 50 指数的隐含市场波动率。

本章重点介绍了 VSTOXX 指数及其组成部分的计算公式。

基于 STOXX 和欧洲期交所网站提供的主指数及其子指数数据，我们用Python将其合并，进行财务分析，得知 EURO STOXX 50 指数和 VSTOXX 呈负相关关系，这种关系避免频繁地再平衡成本。交易者利用波动率的统计性质通过均值回归策略、离散交易和波动扩散交易等方式获取收益。

VSTOXX 数据文件 vstoxx. txt 由 8 个子指数组成，分别代表期限为 1、2、3、6、9、12、18 和 24 个月的 EURO STOXX 50 期权波动率指数。由于 VSTOXX 指

数代表期权未来 30 天的波动性，本章收集了 OESX 看涨和看跌期权价格，计算 2 个月到期的子指数。

最后，本章介绍了 VSTOXX 子指数的权重公式，并使用 Python 计算 VSTOXX 主指数，给出期权未来 30 天波动性的情况。

下一章将介绍如何使用 Python 进行金融大数据管理。

第7章

大数据分析

随着云计算技术的出现,大数据日益普遍。什么是大数据?如何使用大数据收集有用的信息?大数据与我们每天遇到的数据有何不同?本章将专门解答这些问题,并介绍大数据在金融中的应用。

Apache Hadoop 是目前金融机构和企业处理大数据的主要工具。此外,我们还需掌握存储大数据的方法。关系数据库管理的事实标准是结构化查询语言(SQL),NoSQL 是一种非关系数据库语言,除了能使用类 SQL 语言进行数据管理之外,NoSQL 还能存储图形、文档等非结构化数据,它简单的设计使得某些时候运行速度更快。本章将介绍使用 NoSQL 进行 tick 数据存储。

本章讨论以下主题:

- ❑ 大数据、Apache Hadoop 及其组件
- ❑ 获取 Hadoop 并运行 QuickStart 虚拟机
- ❑ 使用 Hadoop HDFS 文档库
- ❑ 使用 MapReduce 和 Python 在电子书上执行简单的字数统计
- ❑ 运行 MapReduce 前在 Hadoop 上完成测试
- ❑ 对股票每日价格变化执行 MapReduce 操作
- ❑ 使用 Python 分析 MapReduce 操作结果
- ❑ NoSQL
- ❑ 获取并运行 MongoDB
- ❑ 获取并安装 PyMongo 模块
- ❑ PyMongo 数据库和集合
- ❑ 使用 NoSQL 集合插入、删除、查找和排序 tick 数据

7.1 什么是大数据

本章开始前，我们需要定义什么是大数据以及介绍如何通过大数据获取有用的信息。大数据与我们每天处理的如新闻报道、文学作品和音频等数据有什么不同？

大数据（big data）实际是高速捕获而获得的数据，它以很快的速度累计并占用千兆字节或兆兆字节的存储空间。常见的软件工具无法在较短的容差范围内捕获、处理、维护和管理这些数据。分析大数据能预测或解释其他活动的信息关系。

随着云计算技术的出现，大数据能以较低的成本存储在云中。关系数据库到非关系解决方案（如 NoSQL）的迁移，实现了以更快的速度捕获非结构化数据。通过对捕获的信息执行数据分析，公司能够提高运营效率，改善分析模式，运行有针对性的营销活动，提高客户满意度。

金融行业的公司正将大数据分析整合到运营中，实时地对客户交易执行分析，以识别异常和欺诈行为。公司通过追踪客户记录、消费习惯，甚至社交媒体网站上的活动，提升产品和服务质量。大数据分析工具为风险和信用分析领域提供了可扩展性和可靠性的保证。

7.2 Hadoop

Apache Hadoop 是存储和处理大数据的开源软件框架，可跨服务器执行分布式并行处理数据，且能够无限制地扩展。基于其可扩展性、灵活性、高容错性和低成本性，许多云解决方案供应商、金融机构和企业都使用 Hadoop 满足大数据处理需求。

Hadoop 框架包含以下重要模块：Hadoop Distributed File System（HDFS）、Yet Another Resource Negotiator（YARN）和 MapReduce（MapR）。

7.2.1 HDFS

HDFS 是 Hadoop 独有的文件系统，旨在实现可扩展性，在超过千兆字节数据的 Hadoop 群集的多个节点进行大量文件存储。群集中的数据被分割成更小的128兆字节数据块，分布在整个群集中。MapReduce 数据处理功能在较大数据集的较小子集中执行，从而提供大数据处理所需的可扩展性。HDFS 文件系统使用 TCP/IP 套接字通信，通过网络将数据作为一个大文件系统处理。

7.2.2　YARN

YARN 是一个资源管理和调度平台，它管理在 Hadoop 群集运行的应用程序的 CPU 内存和存储器。YARN 包含负责以下内容的组件：遵守队列容量和用户限制等约束条件的同时，在同一群集内运行的应用间分配资源；基于每个应用的资源需求调度任务；从所述调度器协商适当的资源；跟踪和监视正在运行的应用程序及其资源使用情况的进度。

7.2.3　MapReduce

MapReduce 是处理和生成大型数据集的 Hadoop 软件编程范例。对于开发人员，MapReduce 可能是 Hadoop 最重要的编程组件。MapReduce 由两个函数 map 和 reduce 组成。map 函数处理键值对，生成中间键值对；reduce 函数合并所有相同的中间值，生成结果。MapReduce 将数据和处理软件相结合，消除了通过网络检索移动数据的需求。

目前 MapReduce 主要使用 Java。诸如 SQL 和 Python 等其他语言，可以用 Hadoop streaming 工具实现。

7.3　大数据工具对我来说实用吗

大数据通常占用千兆字节或兆兆字节，你可能会想，Apache Hadoop 对我来说合适吗？

Hadoop 映射数据中每个实体，执行缩减计算合并单一组件，从而实现通用计算。编程语言（如 SQL 和 Python）可实现相同的分组和计数功能。

你也可将数据分析工具迁移到 pandas 或 R 中，在不泄漏内存的情况下高效编码。大多数商业 SQL 服务器都可以完成上述任务。此外，目前的内存和存储成本非常低，工作站也能执行复杂的计算。

如果数据存储容量达到兆兆字节级别，Apache Hadoop 和 Apache Spark 是实现可扩展性、经济性和容错性的最好选择。

7.4 获取 Apache Hadoop

你可访问 Apache Hadoop 官网 http://hadoop.apache.org 获取最新版本、说明文档和使用手册。Hadoop 是用 Java 编写的，在单节点设置上安装 JVM 才能运行。该软件在 GNU/Linux 和 Windows 系统上都可运行。

云供应商 Cloudera 提供了包括单节点 Apache Hadoop 群集的免费 QuickStart VM，其中包含示例脚本和现成链接，有助于直接管理群集。以下各节将介绍如何运行 Hadoop VM。

7.4.1 从 Cloudera 获取 QuickStart VM

可从 http://www.cloudera.com/content/support/en/downloads/quickstar_vms.html 下载 Hadoop QuickStart VM 的 Quick Start VM with CDH 5.3.x 版本，选择免费和开源的 VirtualBox 作为 VM 接口。VM 映像随 CentOS 6.4 Linux 操作系统一起安装，可用于 VMWare、VirtualBox 和 KVM 虚拟机平台。

VM 是 64 位的，它需要在 64 位主机操作系统和一个可以支持 64 位客户机操作系统的虚拟化平台上安装，文件大小为 3GB，虚拟机中需要 4GB 的 RAM。

7.4.2 获取 VirtualBox

VirtualBox 可在 Windows、Linux、Macintosh 和 Solaris 主机上运行，并支持大量用户接入操作系统，包括但不限于 OpenSolaris、OS/2 和 OpenBSD，下载请访问 https://www.virtualbox.org/wiki/Downloads。

7.4.3 在 VirtualBox 上运行 Cloudera VM

Hadoop VM 在 VirtualBox 上顺利运行的步骤如下：

1）解压安装包。

2）打开 VirtualBox，点击菜单栏的 **File**，选择 **Import Appliance**。按照步骤解压虚拟机，将 Cloudera VM 映像添加到计算机列表中，其在 VirtualBox 上同样兼容。

3）从虚拟机列表选择 Cloudera QuickStart。点击 Settings，进入 System 选项卡，选择 Motherboard 选项卡，执行此步骤前确保系统至少有 4096MB 的 RAM。

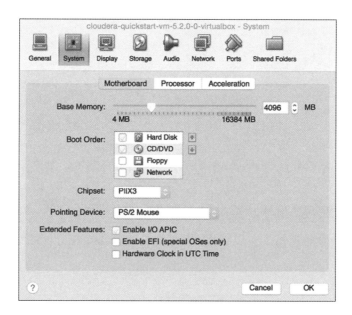

4）点击 Processor 选项卡，至少选择两个 Processor。

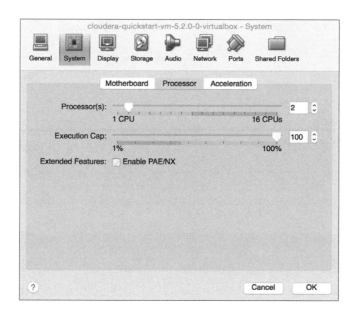

5）进入 Acceleration 选项卡，勾选 Hardware Virtualization 复选框。

6）点击 Network，选择 Bridged Adapter。

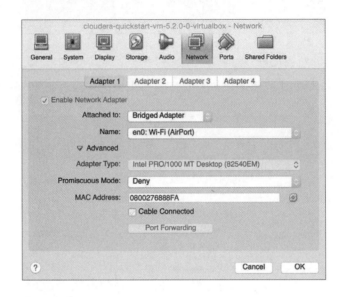

7）点击 OK 按钮保存设置。

8）在同一个虚拟机上，点击 Start 启动 CentOS 虚拟机，可能需要几分钟才能启动。

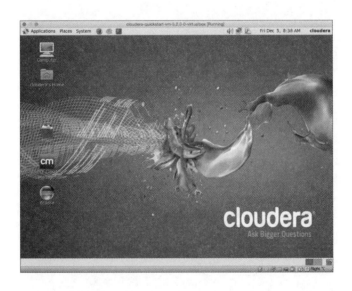

我们将在此虚拟机运行所有的计算和脚本。root 账户、root MySQL、Hue 和 Cloudera 管理器的 sudo 权限等，用户名、密码都是 cloudera。CentOS 的主目录为 /home/cloudera/。

7.5　Hadoop 中的字计数程序

本节使用 Hadoop 编写一个简单的字计数功能来统计电子书的字数。map 程序将读取由空格或制表符分隔的文本的每一行，并返回一个键值对，默认计数值是 1。reduce 程序将从 map 程序读取所有键值对，并统计相同字符的数量。Hadoop 将生成一个输出文件，其中包含书中的单词列表以及单词出现的次数。

7.5.1　下载示例数据

Gutenberg 上有超过 10 万本免费电子书，包含 HTML、EPUB、Kindle 和纯文本 UTF-8 格式。本节以詹姆斯·乔伊斯的《尤利西斯》为示例，纯文本 UTF-8 文件的链接是 http://www. gutenberg. org/ebooks/4300. txt. utf-8。你可使用 Firefox 或 CentOS 虚拟机提供的 Web 浏览器下载文件，在主目录的 Downloads 文件夹中另存为 pg4300. txt，地址为/home/cloudera/Downloads。

运行以下命令，将电子书数据以相同文件名 pg4300. txt 复制到 Hadoop HDFS 文档库进行处理：

```
[cloudera@quickstart ~]$ hadoop fs -copyFromLocal
/home/cloudera/Downloads/pg4300.txt pg4300.txt
```

使用 hadoop fs-ls 命令检验是否复制成功：

```
[cloudera@quickstart ~]$ hadoop fs -ls
Found 1 items -rw-r--r--   1 cloudera cloudera    1573150 2014-12-05
22:26 pg4300.txt
```

Hadoop 文档库显示文件已成功复制。

7.5.2　map 程序

运行 map 程序，在名为 mapper. py 的文件中插入以下代码，待稍后使用：

```
#!/usr/bin/python
import sys

for line in sys.stdin:
    for word in line.strip().split():
        print "%s\t%d" % (word, 1)
```

执行 mapper.py 时，解释器读取由文本组成的输入缓冲区。所有文本以空格字符分隔，每个单词的计数值是 1，由制表符分隔。

CentOS 包含一个简单易用的文本编辑器 gedit。在主目录中创建名为 word_count 的新文件夹，并将文件保存在/home/cloudera/word_count/mapper.py 中。

在 Linux 中，mapper.py 文件需要被识别为可执行文件。运行以下命令：

```
chmod +x /home/cloudera/word_count/mapper.py
```

上述命令确保 map 程序可以无限制地运行。

7.5.3　reduce 程序

要创建 reduce 程序，将以下 Python 代码粘贴到名为 reduce.py 的文本文件中，保存在/home/cloudera/word_count/中的相同文件夹，待稍后使用：

```python
#!/usr/bin/python
import sys

current_word = None
current_count = 1

for line in sys.stdin:
    word, count = line.strip().split('\t')
    if current_word:
        if word == current_word:
            current_count += int(count)
        else:
            print "%s\t%d" % (current_word, current_count)
            current_count = 1

    current_word = word

if current_count > 1:
    print "%s\t%d" % (current_word, current_count)
```

reduce 程序将从 map 程序读取所有键值对。通过去掉制表符，将其与先前出现过的该单词进行比较，获得键值对的当前字和次数。每个类似的出现使单词计数值增加 1，最后打印由制表符分割的单词及其计数。

同样，reduce.py 文件需要在 Linux 中被识别为可执行文件。在终端运行以下命令：

```
chmod +x /home/cloudera/word_count/reduce.py
```

上述命令确保 reduce 程序可以无限制地运行。

7.5.4　测试脚本

在 Hadoop 上运行 map 和 reduce 程序前，可以先在本地机器运行脚本，如果代码正常，打开 word_count 文件夹，应该看到以下文件：

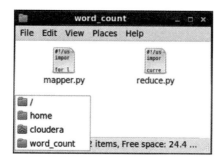

在终端打开 mapper. py 文件，运行以下命令：

```
[cloudera@quickstart ~]$ echo "foo foo quux labs foo bar quux" |
/home/cloudera/word_count/mapper.py
```

输出如下：

```
foo     1
foo     1
quux    1
labs    1
foo     1
bar     1
quux    1
```

正如预期，map 程序每读一个字到输入缓冲区，就计数一次，并在每一行输出结果。

在终端打开 reduce. py 文件，运行以下命令：

```
[cloudera@quickstart ~]$ echo "foo foo quux labs foo bar quux" |
/home/cloudera/word_count/mapper.py | sort -k1,1 |
/home/cloudera/word_count/reduce.py
```

输出如下：

```
bar     1
foo     3
labs    1
quux    2
```

reduce 程序总计 map 程序输出类似单词的数量，在每行上打印结果，按升序排列。

7.5.5 在 Hadoop 上运行 MapReduce

运行以下命令，在 Hadoop 上执行 MapReduce 操作：

```
hadoop jar \
/usr/lib/hadoop-0.20-mapreduce/contrib/streaming/hadoop-streaming-
2.5.0-mr1-cdh5.3.0.jar \
-file /home/cloudera/word_count/mapper.py \
-mapper /home/cloudera/word_count/mapper.py \
-file /home/cloudera/word_count/reduce.py \
-reducer /home/cloudera/word_count/reduce.py \
-input pg4300.txt \
-output pg4300-output
```

我们将使用 Hadoop Streaming 启用 Python 脚本的 map 和 reduce 操作。用于 HadoopStreaming 操作的 Java JAR 文件为 hadoop-streaming-2.5.0-mr1-cdh5.3.0.jar，位于/usr/lib/hadoop-0.20-mapreduce/contrib/streaming/文件夹中。其他系统上，Hadoop Streaming 将 JAR 文件放置在不同的文件夹，或者使用不同的文件名。附加参数将指定输入文件以及 Hadoop 操作所需的输出目录。

Hadoop 操作开始会输出如下代码：

```
14/12/06 09:39:37 INFO client.RMProxy: Connecting to ResourceManager
at /0.0.0.0:8032
14/12/06 09:39:38 INFO client.RMProxy: Connecting to ResourceManager
at /0.0.0.0:8032
14/12/06 09:39:38 INFO mapred.FileInputFormat: Total input paths to
process : 1
14/12/06 09:39:38 INFO mapreduce.JobSubmitter: number of splits:2
14/12/06 09:39:39 INFO mapreduce.JobSubmitter: Submitting tokens for
job: job_1417846146061_0002
14/12/06 09:39:39 INFO impl.YarnClientImpl: Submitted application
application_1417846146061_0002
14/12/06 09:39:39 INFO mapreduce.Job: The url to track the job:
http://quickstart.cloudera:8088/proxy/application_1417846146061_0002/
14/12/06 09:39:39 INFO mapreduce.Job: Running job:
job_1417846146061_0002
14/12/06 09:39:46 INFO mapreduce.Job: Job job_1417846146061_0002
running in uber mode : false
14/12/06 09:39:46 INFO mapreduce.Job:  map 0% reduce 0%
14/12/06 09:39:53 INFO mapreduce.Job:  map 50% reduce 0%
```

接下来可以在 http://quickstart.cloudera:8088/proxy/application_141784614606
1_0002/上跟踪 MapReduce 的进度。目前进度为 50%，它可能需要一些时间处理整
本书。

操作完成时，输出结果如下：

```
File Input Format Counters
Bytes Read=1577103
File Output Format Counters
Bytes Written=527716
14/12/06 09:40:03 INFO streaming.StreamJob: Output directory: pg4300-
output
```

上述代码表明 MapReduce 操作已成功完成，结果将写入目标输出文件夹
pg4300-output。我们通过 HDFS 文档库进行验证：

```
[cloudera@quickstart ~]$ hadoop fs -ls
Found 2 items
drwxr-xr-x   - cloudera cloudera          0 2014-12-06 09:40 pg4300-
output -
rw-r--r--    1 cloudera cloudera    1573150 2014-12-05 22:26
pg4300.txt
```

可以看到，一个新的文件夹已经添加到目标输出文件夹中。输入下列命令检
验该输出文件夹的内容：

```
[cloudera@quickstart ~]$ hadoop fs -ls pg4300-output
Found 2 items
-rw-r--r--   1 cloudera cloudera          0 2014-12-06 09:40 pg4300-
output/_SUCCESS

-rw-r--r--   1 cloudera cloudera     527716 2014-12-06 09:40 pg4300-
output/part-00000
```

我们看到目标文件夹中有两个文件。_SUCCESS 文件是一个空文件，表明
Hadoop 的 MapReduce 操作成功。第二个文件 part-00000 包含 reduce 操作的结果。
使用 fs-cat 命令检查输出文件：

```
[cloudera@quickstart ~]$ hadoop fs -cat pg4300-output/part-00000
"Come  1
"Defects,"1
"I1
```

```
"Information  1
"J"1
"Plain 2
"Project5
"Right 1
"Viator"1
#4300] 1
```

文字列表太长就不在此列出，Hadoop 运行的基本思路综上所述。

7.5.6 使用 Hue 浏览 HDFS

采用 GUI 浏览 HDFS 文档库以排除故障或调用其他常规文件，除使用终端导航到 HDFS 文档库之外，还可借助 Hue Web 界面管理器。Hue 也是查看大量输出信息（例如查看字计数的完整输出）的理想选择。

可访问 http://quickstart. cloudera:8888/filebrowser/获得 Hue。

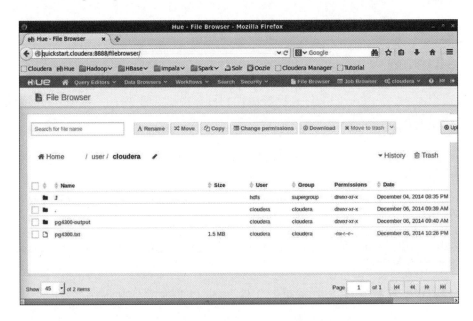

指向 Hue 的链接在 Hue 网页右上角 Firefox 的快速链接书签中。

7.6 Hadoop 的金融实践

本节介绍如何用 Hadoop 进行定量分析。首先我们使用 Hadoop 计算股票历史价格变化百分比。

7.6.1　从 Yahoo! Finance 获取 IBM 股票价格

本节使用 Yahoo! Finance 提供的股票历史价格。在 CentOS 环境使用 Firefox 或 Web 浏览器访问 http://ichart. finance. yahoo. com/table. csv?s = IBM，将 IBM 历史股价数据下载为 CSV 文件，保存至主目录的 Downloads 文件夹中，重命名为 ibm. csv。该文件包含从 1962 年至今的股票价格。

运行以下命令将目标 CSV 文件复制到 Hadoop HDFS 文档库中：

```
[cloudera@quickstart /]$ hadoop fs -copyFromLocal
/home/cloudera/Downloads/ibm.csv ibm.csv
```

如果在 HDFS 生成一个目录列表，可以看到 CSV 文件已经成功复制：

```
[cloudera@quickstart /]$ hadoop fs -ls
Found 4 items
drwxr-xr-x   - cloudera cloudera            0 2014-12-06 15:01 .Trash
-rw-r--r--   1 cloudera cloudera       685955 2014-12-06 14:53 ibm.csv
drwxr-xr-x   - cloudera cloudera            0 2014-12-06 09:40 pg4300-
output
-rw-r--r--   1 cloudera cloudera      1573150 2014-12-05 22:26
pg4300.txt
```

7.6.2　修改 map 程序

下面创建 map 和 reduce 程序研究股票价格。

在主目录中创建一个名为 stock 的新文件夹，将上一节中的 mapper. py 和 reduce. py 文件复制到/home/cloudera/stock/中。

使用 gedit 或其他文本编辑器打开 mapper. py，编辑 map 程序。运行以下 Python代码：

```
#!/usr/bin/python
import sys

is_first_line = True
for line in sys.stdin:
    if is_first_line:
        is_first_line = False
        continue

    row = line.split(',')
    open_price = float(row[1])
```

```
close_price = float(row[-3])
change = (open_price-close_price)/open_price * 100
change_text = str(round(change,1)) + "%"
print "%s\t%d" % (change_text, 1)
```

上述代码使 map 程序读取 CSV 文件时忽略包含冗余标题信息的第一行，从第二行开始包含日期、开盘价、最高价、最低价、收盘价、成交量和调整后的收盘价格，并以逗号分隔。本例使用开盘和收盘价格计算当日股票价格变化百分比。程序输出小数点后一位的值，默认计数为 1，用制表符分隔。

不进行任何修改，重新使用相同的 reduce 程序。在终端运行以下命令，确保这两个文件具有相同的运行权限：

```
chmod +x /home/cloudera/stock/mapper.py
chmod +x /home/cloudera/stock/reduce.py
```

7.6.3 使用 IBM 股票价格测试 map 程序

在 Hadoop 中运行 map 程序前，先使用下载的 CSV 数据文件测试该程序：

```
[cloudera@quickstart /]$ cat /home/cloudera/Downloads/ibm.csv |
/home/cloudera/stock/mapper.py
```

上述代码可输出每日价格百分比列表。以下是终端输出的最后几个值的片段：

```
0.0%  1
-0.7% 1
1.8%  1
1.8%  1
1.0%  1
-0.9% 1
1.1%  1
```

可见，此 map 程序输出与早先的字数统计 map 程序非常相似。

7.6.4 运行 MapReduce 计算日内价格变化

截至目前，map 和 reduce 程序已经可以在 Hadoop 上运行了。UNIX 命令类似于字计数程序中使用的命令，有几个更改：

```
hadoop jar \
/usr/lib/hadoop-0.20-mapreduce/contrib/streaming/hadoop-streaming-
2.5.0-mr1-cdh5.3.0.jar \
```

```
-file /home/cloudera/stock/mapper.py \
-mapper /home/cloudera/stock/mapper.py \
-file /home/cloudera/stock/reduce.py \
-reducer /home/cloudera/stock/reduce.py \
-input ibm.csv \
-output stock-output
```

HadoopMapReduce 操作将开始运行。运行结束后，可得到最后几行近似如下的输出结果：

```
Shuffle Errors
BAD_ID=0
CONNECTION=0
IO_ERROR=0
WRONG_LENGTH=0
WRONG_MAP=0
WRONG_REDUCE=0
File Input Format Counters
Bytes Read=687042 File Output Format Counters
Bytes Written=1211
14/12/06 16:46:00 INFO streaming.StreamJob: Output directory: stock-
output
```

输出结果将存储在 HDFS 文档库的 stock-output 文件夹中。

分析输出结果前，需要将文件从 HDFS 文档库复制到本地工作文件夹中。运行以下命令：

```
[cloudera@quickstart /]$ hadoop fs -copyToLocal  stock-output/part-
00000 /home/cloudera/stock/
```

可以从本地驱动器的/home/cloudera/stock/part-00000 访问输出文件。

使用 Hue 可以查看输出结果：

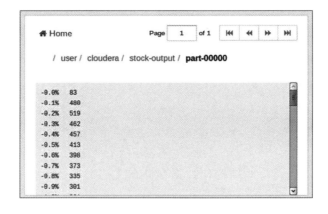

7.6.5 分析 MapReduce 结果

在 CentOS 环境中使用 Python 显示图形前，需要安装 matplotlib 模块。运行以下命令：

```
sudo yum install python-matplotlib
```

下载和安装所需模块需要一些时间。出现提示时，按〈y〉和〈Enter〉键安装。安装成功后，matplotlib 模块即成功加载到 Python 中。

下面通过条形图演示简单的分析：

```
import matplotlib.pyplot as plt

with open('/home/cloudera/stock/part-00000', 'rb') as f:
    x, y = [], []
    for line in f.readlines():
        data = line.split()
        x.append(float(data[0].strip('%')))
        y.append(float(data[1]))
    print "Max: ", max(x)
    print "Min: ", min(x)
    plt.bar(x, y, width=0.1)
    plt.show()
```

上述代码会读取输出文件的每一行，将结果分成 x 值和 y 值的列表，输入到 bar 函数，以便使用 matplotlib. pyplot 模块绘制图形。bar 函数的宽度参数能将栏的宽度缩小到 0.1。此外我们还需要每日 IBM 股价变化可能的最大值和最小值。

将上述 Python 代码转换为一个文件，存放在/home/cloudera/stock 中，例如名为 analysis. py。运行这个 Python 文件：

```
[cloudera@quickstart /]$ python /home/cloudera/stock/analysis.py
Max:   23.5
Min:   -13.0
```

IBM 股票日价格变动最大为 23.5%，最小为 – 13.0%，价格变化分布在平均值 0.0% 附近。

7.7 NoSQL 简介

许多云存储供应商将非结构化数据存储在文档类型的模型中，提供类似于

NoSQL 的存储服务。本节将介绍 NoSQL 在存储财务数据中的应用，以及免费支持 NoSQL 的开源数据库。

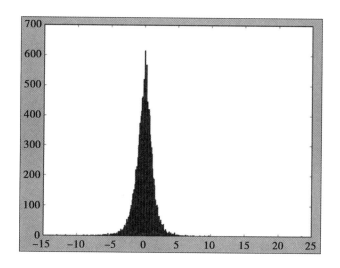

7.7.1 获取 MongoDB

MongoDB 是一个由 C++ 编写的免费开源文档数据库，适用于 Linux、Windows、Mac OS X 和 Solaris 系统，官网是 http://www. mongodb. org。可访问 http://www. mongodb. org/downloads 下载 MongoDB 及其服务启动和运行的说明文档，当安装完成并从命令行运行时，才把它添加到操作系统中。

7.7.2 创建数据目录并运行 MongoDB

第一次启动 MongoDB 前，mongod 进程需要一个目录来写入数据，它使用/data/db 作为默认目录。在所选文件夹中创建数据目录，确保用户具有读写权限。

1. 在 Windows 中运行 MongoDB

在 Windows 打开 Command Prompt（命令提示符），使用 cd 命令导航到工作目录。运行以下命令创建一个文件夹：

```
$ md data\db
```

运行以下命令执行 mongod 服务：

```
$ c:\mongodb\bin\mongod.exe -dbpath c:\test\data\db
```

本例假定 MongoDB 安装文件位于 c:\mongo，工作目录为 c:\test。这可能与你的安装路径不同。

2. 在 Mac OS X 中运行 MongoDB

在 Mac OS X 系统下，使用 dir 命令导航到工作目录。运行以下命令创建一个
文件夹：

```
$ mkdir -p data/db
```

运行以下命令执行 mongod 服务：

```
mongod -dbpath data/db
```

 有关 MongoDB 适用操作系统环境的详细说明，请参阅官方文档 http://
docs. mongodb. org/manual。

输出结果的最后两行如下：

```
Sun Dec  7 00:42:26.063 [websvr] admin web console waiting for
connections on port 28017
Sun Dec  7 00:42:26.064 [initandlisten] waiting for connections on
port 27017
```

这表明 MongoDB 已成功启动，并在端口 27017 连接。管理者 Web 界面在端
口 28017 运行，可以通过 http://localhost:28017 访问。

7.7.3 获取 PyMongo

PyMongo 模块包含 Python 与 MongoDB 数据库交互的工具，官网是 https://py-
pi. python. org/pypi/pymongo/。安装方法与在 Windows、Linux 或 Mac OS X 安装其
他常规 Python 模块类似：下载项目源文件，将其解压到本地驱动器的文件夹，使
用终端导航到这个文件夹并运行 python setup. py 开始安装。

如果你已安装 pip，请在终端输入以下命令：

```
$ pip install pymongo
```

7.7.4 运行测试连接

通过如下代码进行连接检查，确保 MongoDB 服务和 PyMongo 模块安装运行
正常：

```
>>> import pymongo
>>> try:
...     client = pymongo.MongoClient("localhost", 27017)
...     print "Connected successfully!!!"
>>> except pymongo.errors.ConnectionFailure, e:
...     print "Could not connect to MongoDB: %s" % e
Connected successfully!!!
```

如果 pymongo. MongoClient 方法调用成功，应该获得上述输出结果。否则，请于再次执行此脚本前，确保 MongoDB 服务正在终端中运行。一旦连接成功，我们可以继续 NoSQL 操作。

7.7.5　获取数据库

在 data/db 的单个数据目录中，可以创建多个独立数据库。借助 PyMongo，只需一个 MongoDB 实例就可以访问数据库。

例如，如果我们想用一个名为 ticks_db（其包含下划线字符）的数据库存储 tick 数据，可以借助 PyMongo 使用样式属性访问此数据库，如下所示：

```
>>> ticks_db = client.ticks_db
```

如果数据库的命名方式不支持样式属性，例如 ticks-db，还可以按如下方式访问：

```
>>> ticks_db = client["ticks-db"]
```

分配变量，如 ticks_db = client. ticks-db 将导致错误。

7.7.6　获取集合

集合（collection）是一组存储在数据库中的文档，类似于关系数据库中的表。集合接受由二进制 JSON（BSON）描述的各种输入类型，包括字符串和整数的原语、Python 列表形式的数组、以 UTF-8 编码的 Unicode 形式的二进制字符串、分配的唯一标识符 ObjectId 以及 Python 字典。需要注意的是，每个文档最多可包含 16MB 的数据。

本例研究苹果公司的收盘价格数据，并存储在名为 aapl 的集合中：

```
>>> aapl_collection = ticks_db.aapl
```

与访问数据库类似，若集合以不支持的样式属性命名（如 aapl-collection），也可按如下方式访问集合：

```
>>> aapl_collection = ticks_db["aapl-collection"]
```

集合和数据库无须主动创建，当把对象插入尚不存在的集合和数据库中，将自动创建一个相应的对象。

7.7.7 插入文档

假设 Python 可以收集到市场中 AAPL 每一时刻的交易数据，现在我们要存储这些数据。可以将 tick 数据结构化为一个 Python 字典，存储股票名称、时间、开盘价、最低价、收盘价格以及总成交量信息。以下 AAPL tick 数据是上午 10 点收到报价的模拟示例：

```
import datetime as dt
tick = {"ticker": "aapl",
        "time": dt.datetime(2014, 11, 17, 10, 0, 0),
        "open": 115.58,
        "high": 116.08,
        "low": 114.49,
        "last": 114.96,
        "vol": 1900000}
```

使用集合中的 insert 函数插入字典对象，生成一个名为_id 的唯一键。

```
>>> tick_id = aapl_collection.insert(tick)
>>> print tick_id
548490486d3ba7178b6c36ba
```

插入第一个文档后，在服务器上创建 aapl 集合。可以列出数据库中所有集合进行验证：

```
>>> print ticks_db.collection_names()
[u'system.indexes', u'aapl']
```

7.7.8 获取单个文档

find_one 函数是查询集合中文档的最基本方法，它无需任何参数，只提供最匹配选项或无匹配项。否则，该方法的参数将接受字典。以下代码包含能返回相同结果的 find_one 函数示例。最后一个示例需要从字符串转换 ObjectId 属性才能访问服务器生成的_id 字段：

```
>>> print aapl_collection.find_one()
>>> print aapl_collection.find_one({"time": dt.datetime(2014, 11, 17, \
10, 0, 0)})
>>>
>>> from bson.objectid import ObjectId
>>> print aapl_collection.find_one({"_id": \
>>> ObjectId("548490486d3ba7178b6c36ba")})
{u'last': 114.96, u'vol': 1900000, u'open': 115.58, u'high': 116.08,
u'low': 114.49, u'time': datetime.datetime(2014, 11, 17, 10, 0),
u'_id': ObjectId('548490486d3ba7178b6c36ba'), u'ticker': u'aapl'}
{u'last': 114.96, u'vol': 1900000, u'open': 115.58, u'high': 116.08,
u'low': 114.49, u'time': datetime.datetime(2014, 11, 17, 10, 0),
u'_id': ObjectId('548490486d3ba7178b6c36ba'), u'ticker': u'aapl'}
{u'last': 114.96, u'vol': 1900000, u'open': 115.58, u'high': 116.08,
u'low': 114.49, u'time': datetime.datetime(2014, 11, 17, 10, 0),
u'_id': ObjectId('548490486d3ba7178b6c36ba'), u'ticker': u'aapl'}
```

7.7.9   删除文档

remove 函数将删除集合中与查询相匹配的文档：

```
>>> aapl_collection.remove()
```

7.7.10   批量插入文档

批量插入文档时，insert 函数接受以逗号分隔的字典列表。下面我们向集合中添加两个假设的 tick 价格：

```
aapl_collection.insert([tick,
                        {"ticker": "aapl",
                         "time": dt.datetime(2014,11,17,10,1,0),
                         "open": 115.58,
                         "high": 116.08,
                         "low": 114.49,
                         "last": 115.00,
                         "vol": 2000000},
                        {"ticker": "aapl",
                         "time": dt.datetime(2014,11,17,10,2,0),
                         "open": 115.58,
                         "high": 116.08,
                         "low": 113.49,
                         "last": 115.00,
                         "vol": 2100000}])
```

7.7.11 统计集合文档

count 函数可用于任何查询，以计算匹配数，也可与 find 函数结合使用：

```
>>> print aapl_collection.count()
>>> print aapl_collection.find({"open": 115.58}).count()
3
3
```

7.7.12 查找文档

除返回迭代的文档列表外，find 函数与 find_one 函数几乎相同。find 函数返回集合中的所有项目而不包含任何参数。

```
>>> for aapl_tick in aapl_collection.find():
...     print aapl_tick
{u'last': 114.96, u'vol': 1900000, u'open': 115.58, u'high': 116.08,
u'low': 114.49, u'time': datetime.datetime(2014, 11, 17, 10, 0),
u'_id': ObjectId('5484943f6d3ba717ca0d26ff'), u'ticker': u'aapl'}
{u'last': 115.0, u'vol': 2000000, u'open': 115.58, u'high': 116.08,
u'low': 114.49, u'time': datetime.datetime(2014, 11, 17, 10, 1),
u'_id': ObjectId('5484943f6d3ba717ca0d2700'), u'ticker': u'aapl'}
{u'last': 115.0, u'vol': 2100000, u'open': 115.58, u'high': 116.08,
u'low': 113.49, u'time': datetime.datetime(2014, 11, 17, 10, 2),
u'_id': ObjectId('5484943f6d3ba717ca0d2701'), u'ticker': u'aapl'}
```

我们还可以过滤对 tick 数据集合的搜索。例如，查询在 10：02 AM 之前的两笔 tick 数据。

```
>>> cutoff_time = dt.datetime(2014, 11, 17, 10, 2, 0)
>>> for tick in aapl_collection.find(
...         {"time": {"$lt": cutoff_time}}).sort("time"):
...     print tick
{u'last': 114.96, u'vol': 1900000, u'open': 115.58, u'high': 116.08,
u'low': 114.49, u'time': datetime.datetime(2014, 11, 17, 10, 0),
u'_id': ObjectId('5484943f6d3ba717ca0d26ff'), u'ticker': u'aapl'}
{u'last': 115.0, u'vol': 2000000, u'open': 115.58, u'high': 116.08,
u'low': 114.49, u'time': datetime.datetime(2014, 11, 17, 10, 1),
u'_id': ObjectId('5484943f6d3ba717ca0d2700'), u'ticker': u'aapl'}
```

7.7.13 文档排序

find. sort 示例按时间以升序对搜索结果排序。同样也可以按降序排序：

```
>>> sorted_ticks = aapl_collection.find().sort(
...     [("time", pymongo.DESCENDING)])
>>> for tick in sorted_ticks:
...     print tick
{u'last': 115.0, u'vol': 2100000, u'open': 115.58, u'high': 116.08,
u'low': 113.49, u'time': datetime.datetime(2014, 11, 17, 10, 2),
u'_id': ObjectId('548494f16d3ba717d882b83e'), u'ticker': u'aapl'}
{u'last': 115.0, u'vol': 2000000, u'open': 115.58, u'high': 116.08,
u'low': 114.49, u'time': datetime.datetime(2014, 11, 17, 10, 1),
u'_id': ObjectId('548494f16d3ba717d882b83d'), u'ticker': u'aapl'}
{u'last': 114.96, u'vol': 1900000, u'open': 115.58, u'high': 116.08,
u'low': 114.49, u'time': datetime.datetime(2014, 11, 17, 10, 0),
u'_id': ObjectId('548494f16d3ba717d882b83c'), u'ticker': u'aapl'}
```

7.7.14　结论

借助 PyMongo 模块，本章介绍了如何使用三个 ticks 数据插入、删除、计数、查找和排列集合上的股票数据。NoSQL 系统基于 SQL 可实现大规模写入、创建集合的灵活性和快速的键值访问。虽然 NoSQL 数据库不是唯一可用的数据存储解决方案，我们有时会转而寻求 SQL 解决方案，但它能与 Python 很好地集成。跨平台、多功能的 MongoDB 是许多 NoSQL 数据库产品之一，用于以数据可交换格式（如 BSON 格式）存储文档。许多云供应商以类似 JSON 的结构提供数据对象的存储。

7.8　总结

本章介绍了大数据及其在金融领域的应用。大数据工具为风险和信用分析领域处理多源大数据实现了可扩展性和可靠性。

Apache Hadoop 是一个用 Java 编写的开源软件框架，目前已成为金融机构和企业处理大数据的有效工具。为快速使用 Hadoop，我们从 Cloudera 下载了一个 QuickStartVM，该虚拟机附带在 VirtualBox 上运行的 CentOS 和 Hadoop 2.0。Hadoop的主要组件是 HDFS 文档库、YARN 和 MapReduce。本章在 Python 中编写了 map 和 reduce 程序，并执行电子书字数统计；另外通过股票每日价格的数据集，计算价格变动百分比，输出结果用于进一步分析。

在管理大数据前，我们需要一种方法存储大数据。数字数据性质多种多样，其他存储数据的方法促进了非 SQL 产品的发展。NoSQL 是一种非关系数据库语言，其简单的设计使得某些时候运行速度更快，可用于存储传入的 tick 数据流。

最后，本章介绍了 NoSQL 数据库服务器 MongoDB，以及作为 Python 与 MongoDB 交互方式的 PyMongo 模块。执行 Python 与服务器的连接测试后，我们学习了用于存储数据的 PyMongo 数据库和集合的概念，创建了几个示例 tick 数据并存储为 BSON 格式的集合。我们还探究了如何删除、计数、排序和过滤 tick 数据。这些简单的操作使我们能够连续存储并检索数据，以供进一步分析。

下一章将介绍如何用 Python 实现算法交易系统。

第8章

算 法 交 易

算法交易可以将系统交易过程自动化，基于各种因素（如定价、时间和数量）尽可能以最佳价格执行指令。一些经纪公司提供**应用程序接口**（application programming interface，API）服务，满足客户自行编写交易算法的需求。自行开发的算法交易系统必须是稳健的，能够处理指令执行期间的任何故障点，还需要考虑网络配置、硬件、内存管理、运行速度以及用户体验，这不可避免地增加了整体框架的复杂性。

一旦在市场上开仓，投资者就面临各种类型的风险，如波动风险和信用风险，风险管理措施显得尤为重要。风险价值模型是金融行业最常用的风险衡量标准。本章将讨论 VaR（value-at-risk）的优势和缺陷，并演示将 VaR 嵌入交易系统。

本章讨论以下主题：

❑ 算法交易的概述

❑ 带有公共 API 的交易平台列表

❑ 为交易系统选择编程语言

❑ 在 Interactive Brokers（IB）平台上设置 API 访问

❑ 使用 IbPy 模块与 IB Trader WorkStation（TWS）交互

❑ 均值回归算法交易

❑ 使用 fxTrade Practice 平台在 OANDA 上设置 API 访问

❑ 使用 oandapy 模块与 OANDA 的 REST API 交互

❑ 趋势跟踪算法交易策略

❑ 交易系统风险管理

❑ 使用 Yahoo! Finance 的数据执行 VaR 计算

8.1　什么是算法交易

自 20 世纪 90 年代，交易所已经开始使用电子交易系统。到 1997 年，全球 44 个交易所使用自动化系统交易期货和期权，更多的交易所正在开发自动化技术。芝加哥交易所（CBOT）和伦敦国际金融期货和期权交易所（LIFFE）将电子交易系统作为对传统公开喊价交易的补充，使交易者能够 24 小时访问交易所的风险管理工具。随着科技发展，基于技术的交易方式成本越来越低，促进了更快、更强大的交易平台的诞生，使指令执行的可靠性更高，信息传输错误率更低，同时加深了金融机构对技术的依赖。大多数资产管理公司、自营交易商已经将交易地点转移到电子交易大厅。

随着电子交易的日益普及，速度成为确定交易结果的最重要因素。宽客（Quant）借助复杂模型能够重新计算交易产品的公允价值，执行交易决策，所获利润远超使用传统模型的普通交易者。这使得依赖快速计算机的**高频交易**（high-frequency trading，HFT）发展成为一个价值十亿美元的产业。

算法交易是指系统交易过程的自动化，系统将深度优化指令执行，给出可能的最佳价格。算法交易并不是投资组合分配过程的一部分。

银行、对冲基金、证券经纪公司、结算公司和交易公司通常将服务器放置在交易所旁边能最快地接收最新市场价格，达到最快执行指令的目的。他们给交易所带来了巨大的交易量。希望进行低延迟、大量交易活动（例如复杂事件处理或捕获瞬时价格差异）的市场参与者都可以在相同位置开展，可利用其在交易所旁的服务器出租获得利润。

金融信息交换（Financial Information Exchange，FIX）协议是与**直接市场访问**（directmarket access，DMA）的私人服务器交换实时信息的电子通信行业标准。FIX 协议一般由 C++ 编写，也可使用 .NET 框架和 Java。创建算法交易平台前，需要评估运算速度和易学习性等因素，再决定具体的编程语言。

经纪公司为收取佣金，会提供交易平台以便客户在指定的交易所下单，某些经纪公司会提供 API 给拥有自己交易算法的客户，客户还可以从第三方供应商选择商业交易平台，有些交易平台还可以提供电子下单的 API。因此开发算法交易系统前阅读 API 文档了解该平台的技术能力是非常有必要的。

8.2　带有公共 API 的交易平台列表

下表列出了一些公开可用的 API 代理和交易平台供应商。

代理商/供应商	网　　址	支持的编程语言
Interactive Brokers	https://www. interactivebrokers. com/en/index. php? f = 1325	C++、Posix C++、Java 和 Visual Basic for ActiveX
E * Trade	https://developer. etrade. com	Java、PHP 和 C++
IG	http://labs. ig. com/	REST、Java、FIX 和 Microsoft . NET Framework 4. 0
Tradier	https://developer. tradier. com	Java、Perl、Python 和 Ruby
TradeKing	https://developers. tradeking. com	Java、Node. js、PHP、R 和 Ruby
Cunningham trading systems	http://www. ctsfutures. com/wiki/T4%20API%2040. MainPage. ashx	Microsoft. NET Framework 4. 0
CQG	http://cqg. com/Products/CQG-API. aspx	C#、C++、Excel、MATLAB 和 VB. NET
Trading technologies	https://developer. tradingtechnologies. com	Microsoft . NET Framework 4. 0
OANDA	http://developer. oanda. com	REST、Java、FIX 和 MT4

8.3　有没有最好的编程语言

经纪商或供应商提供的接口可应用多种编程语言，所以开发算法交易平台时都会产生疑问：我应该使用哪种编程语言？

对此问题，没有统一的规范。开发产品时要考虑的性能指标涉及成本、延迟阈值、风险度量和用户界面等，风险管理器、执行引擎和投资组合优化程序也是影响系统设计主要组件。现有的交易基础设施、操作系统、编程语言编译器的功能和其他软件工具对系统设计、开发和部署提出了进一步的限制。

8.4　系统功能

开发交易系统前，要先明确系统的功能。例如，研究型系统侧重从数据供应商获取高质量数据、执行计算、运行模型，以及通过信号生成评估策略。研究组件可以包括数据清理模块及回溯测试接口，以执行含有历史数据的理论参数策略。另外，CPU 速度、内存大小和带宽也是设计系统要考虑的因素。

另一种系统更侧重执行指令，更关心风险管理和指令处理功能，确保及时执行多个指令。该系统必须高度稳定，可在指令执行期间处理任何故障点。设计执行指令系统时，需要考虑网络配置、硬件、内存管理、速度以及用户体验。

实际开发的系统可以包含一个或数个功能。但设计多功能系统将不可避免地增加框架的复杂性。因此本书建议你选择一种或多种编程语言，以平衡交易系统的开发速度、易于开发性、可扩展性和可靠性。

8.5 通过 Interactive Brokers 和 IbPy 进行算法交易

本节将构建一个算法交易平台，登录**盈透证券**（Interactive Brokers，IB）进行身份验证，检索市场数据并发送指令。IB 是最受欢迎的经纪商之一，拥有悠久的 API 开发历史，客户群体覆盖对冲基金和个人交易者。网上有大量如何使用 API 的文章，虽然 API 不直接支持 Python，但 Python wrapper（如 IbPy）可对 IB 接口进行 API 调用。IB 的 API 是其独创的，每个代理商都有自己的 API 处理方法。API 的说明文档和示例应用程序将演示每个 API 接口的核心功能，如果设计正确，则可以轻松地集成到算法交易系统。

8.5.1 获取 Interactive Brokers 的 Trader WorkStation

你可访问 IB 的官方网页 http：//www. interactivebrokers. com 获取交易和投资的相关信息。本节将介绍使用 Python 设置算法交易系统前，如何在本地工作站安装和运行 Trader WorkStation X（TWS）。本节将在示范账户上执行模拟交易，如果你的交易策略实测可行，请点击 IB 网站的 **OPEN AN ACCOUNT** 开立一个真实交易账户，市场数据费、手续费、佣金和其他费用取决于你选择的经纪商。此外，真实市场与模拟环境大不相同，建议你开展实盘交易前对算法交易系统进行深入测试。

在本地工作站上安装 TWS，登录演示账户，并设置 API 的步骤如下所示：

1）从 IB 的官方网站，点击 **TRADING**，选择 Standalone TWS，选择合适的安装文件。请注意，TWS 在 Java 上运行，请确保 Java runtime 插件已安装在本地工作站。具体参阅以下屏幕截图：

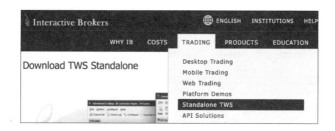

2）安装过程中出现提示时，选择 Trader_WorkStation_X 和 IB Gateway 选项。Trader WorkStation X（TWS）具有完整指令管理功能。IB Gateway 程序接受和处理 API 连接，而不包括 TWS 的任何指令管理功能。选择目标安装目录，TWS 将存入所有必需的文件，如以下屏幕截图所示：

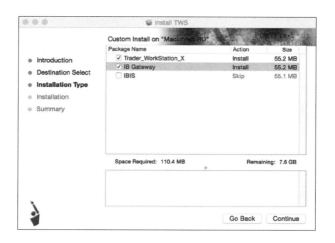

3）安装完成后，TWS 快捷图标将在已安装的应用程序列表中显示。双击该图标启动 TWS 程序。

4）TWS 启动时，系统将提示你输入登录凭据。要登录到演示账户，请在用户名框中键入 edemo，密码框中输入 demouser，如以下屏幕截图所示：

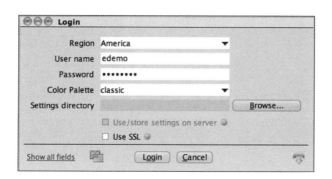

5）演示账户加载完毕后，开始设置 API 功能。在工具栏上，单击 Configure：

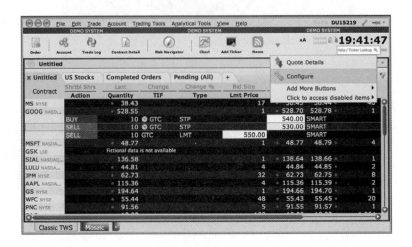

6）在 Configure 选项下，打开 API 节点显示更多选项。选择 Settings。注意，这里 Socket port 是 7496，可将此工作站的 IP 地址 127.0.0.1 添加到可信 IP 地址列表。选择 Enable ActiveX and Socket Clients 选项，允许套接字连接到 TWS：

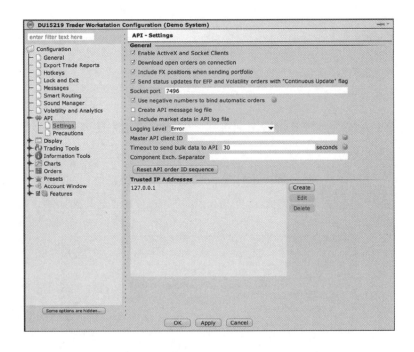

7）单击 OK 保存所有更改。现在 TWS 可接受算法交易系统的指令和市场数据请求。

8.5.2 获取 IbPy——IB API 包装器

IbPy 是用于装饰 IB API 的 Python 开源附加模块。你可以访问 https://github.com/blampe/IbPy 下载源文件，解压后使用 Terminal 导航到此目录。键入 python setup.py install，将 IbPy 安装为 Python 运行环境的一部分。

IbPy 的使用与 API 调用类似，使用文档位于 https://code.google.com/p/ibpy/w/list。

8.5.3 指令路由机制

本节通过建立连接并向交易所发出指令，演示 Python 与 TWS 交互。

安装 IbPy 后，将以下模块导入 Python 脚本。

```
from ib.ext.Contract import Contract
from ib.ext.Order import Order
from ib.opt import Connection
```

接下来，使用日志功能处理来自服务器的调用。每当 API 遇到错误，将调用 error_handler 方法。server_handler 方法专用于处理其他形式返回的 API 消息。msg 变量是 ib.opt.message 对象的一种类型，以 IB API EWrapper 定义的方法调用。API 文档可访问 https://www.interactivebrokers.com/en/software/api/api.htm 获得。以下是 server_handler 方法的 Python 代码：

```
def error_handler(msg):
    print "Server Error:", msg
def server_handler(msg):
    print "Server Msg:", msg.typeName, "-", msg
```

我们将发出 AAPL 股票的样本指令，指令合同规范由 ib.ext.Contract 模块中的 Contract 类对象定义。创建一个名为 create_contract 的方法，该方法返回此对象的新实例：

```
def create_contract(symbol, sec_type, exch, prim_exch, curr):
    contract = Contract()
    contract.m_symbol = symbol
    contract.m_secType = sec_type
    contract.m_exchange = exch
    contract.m_primaryExch = prim_exch
    contract.m_currency = curr
    return contract
```

Order 类对象使用 TWS 发出指令。定义一个名为 create_order 的方法，返回一个对象的新实例：

```
def create_order(order_type, quantity, action):
    order = Order()
    order.m_orderType = order_type
    order.m_totalQuantity = quantity
    order.m_action = action
    return order
```

创建所需的方法后，首先初始化所需的变量：

```
if __name__ == "__main__":
    client_id = 100
    order_id = 1
    port = 7496
    tws_conn = None
```

client_id 变量是分配的整数，用于标识与 TWS 通信客户端的实例。order_id 变量也是分配的整数，用于标识发送到 TWS 的指令队列号。端口号的值与之前 TWS 的 API 设置中定义的值相同。tws_conn 变量为 TWS 的连接值。下面用一个空值初始化这个变量。

使用一个囊括 Connection. create 方法的 try 代码块处理与 TWS 的套接字连接：

```
try:
    # Establish connection to TWS.
    tws_conn = Connection.create(port=port,
                                 clientId=client_id)
    tws_conn.connect()

    # Assign error handling function.
    tws_conn.register(error_handler, 'Error')

    # Assign server messages handling function.
    tws_conn.registerAll(server_handler)

finally:
    # Disconnect from TWS
    if tws_conn is not None:
        tws_conn.disconnect()
```

该连接由 port 和 clientId 参数字段定义。创建连接实例后，connect 方法将尝试连接到 TWS。

与 TWS 的连接成功打开时，就可以注册接收器，接收来自服务器的通知。register 方法将函数处理程序与特定事件相关联。registerAll 方法将处理程序与所有生成的消息相关联。之前的 error_handler 和 server_handler 方法正适用于这种情况。

向交易所发送第一个 100 股 AAPL 股票指令前，调用 create_contract 方法为 AAPL 创建新的合约对象。然后调用 create_order 方法创建一个新的 Order 对象。最后调用 Connection 类的 placeOrder 方法将指令发送到 TWS：

```
# Create a contract for AAPL stock using SMART order routing.
aapl_contract = create_contract('AAPL',
                                'STK',
                                'SMART',
                                'SMART',
                                'USD')

# Go long 100 shares of AAPL
aapl_order = create_order('MKT', 100, 'BUY')

# Place order on IB TWS.
tws_conn.placeOrder(order_id, aapl_contract, aapl_order)
```

运行如下代码输出结果：

```
Server Error: <error id=-1, errorCode=2104, errorMsg=Market data farm
connection is OK:ibdemo>
Server Response: error, <error id=-1, errorCode=2104, errorMsg=Market
data farm connection is OK:ibdemo>
Server Version: 75
TWS Time at connection:20141210 23:14:17 CST
Server Msg: managedAccounts - <managedAccounts accountsList=DU15200>
Server Msg: nextValidId - <nextValidId orderId=1>
Server Error: <error id=-1, errorCode=2104, errorMsg=Market data farm
connection is OK:ibdemo>
Server Msg: error - <error id=-1, errorCode=2104, errorMsg=Market data
farm connection is OK:ibdemo>
Server Error: <error id=-1, errorCode=2107, errorMsg=HMDS data farm
connection is inactive but should be available upon demand.demohmds>
Server Msg: error - <error id=-1, errorCode=2107, errorMsg=HMDS data farm
connection is inactive but should be available upon demand.demohmds>
```

错误消息显示没有错误，则连接成功。如果模拟指令在市场交易时间内成功执行，该交易将反映在 TWS 上：

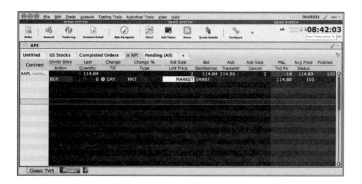

完整代码如下：

```python
""" A Simple Order Routing Mechanism """
from ib.ext.Contract import Contract
from ib.ext.Order import Order
from ib.opt import Connection

def error_handler(msg):
    print "Server Error:", msg

def server_handler(msg):
    print "Server Msg:", msg.typeName, "-", msg

def create_contract(symbol, sec_type, exch, prim_exch, curr):
    contract = Contract()
    contract.m_symbol = symbol
    contract.m_secType = sec_type
    contract.m_exchange = exch
    contract.m_primaryExch = prim_exch
    contract.m_currency = curr
    return contract

def create_order(order_type, quantity, action):
    order = Order()
    order.m_orderType = order_type
    order.m_totalQuantity = quantity
    order.m_action = action
    return order

if __name__ == "__main__":
    client_id = 1
    order_id = 119
    port = 7496
    tws_conn = None
    try:
        # Establish connection to TWS.
        tws_conn = Connection.create(port=port,
                                     clientId=client_id)
        tws_conn.connect()

        # Assign error handling function.
        tws_conn.register(error_handler, 'Error')

        # Assign server messages handling function.
        tws_conn.registerAll(server_handler)

        # Create AAPL contract and send order
        aapl_contract = create_contract('AAPL',
                                        'STK',
                                        'SMART',
                                        'SMART',
```

```
                                    'USD')
        # Go long 100 shares of AAPL
        aapl_order = create_order('MKT', 100, 'BUY')

        # Place order on IB TWS.
        tws_conn.placeOrder(order_id, aapl_contract, aapl_order)

    finally:
        # Disconnect from TWS
        if tws_conn is not None:
            tws_conn.disconnect()
```

8.6　构建均值回归算法交易系统

上一节，我们与 IB TWS 建立了连接，并发送一笔 100 股的指令。本节将添加逻辑功能买入或卖出股票、读取价格数据并跟踪头寸。实质上，我们将尝试创建一个简单的、完全自动化的算法交易系统。

8.6.1　设置主程序

把所有代码放入一个名为 AlgoSystem 的类。导入以下模块：

```
from ib.ext.Contract import Contract
from ib.ext.Order import Order
from ib.opt import Connection, message
import time
import pandas as pd
import datetime as dt
```

在类的初始化部分，声明以下变量：

```
def __init__(self, symbol, qty, resample_interval,
             averaging_period=5, port=7496):
    self.client_id = 1
    self.order_id = 1
    self.qty = qty
    self.symbol_id, self.symbol = 0, symbol
    self.resample_interval = resample_interval
    self.averaging_period = averaging_period
    self.port = port
    self.tws_conn = None
    self.bid_price, self.ask_price = 0, 0
    self.last_prices = pd.DataFrame(columns=[self.symbol_id])
    self.average_price = 0
```

```
        self.is_position_opened = False
        self.account_code = None
        self.unrealized_pnl, self.realized_pnl = 0, 0
        self.position = 0
```

第一个参数包含交易的股票代码。股票的整数标识符在 symbol_id 变量中设置为 0。qty 变量包含交易的股票数量。resample_interval 变量定义时间序列数据的重采样周期。averaging_period 变量定义重采样序列的多个周期，以计算价格的平均值。last_prices 变量是一个 pandas DataFrame 对象，用于存储股票行情自动交易相关的最新价格。

对主程序而言，start 方法是贯穿交易系统运行周期的入口点：

```
def start(self):
    try:
        self.connect_to_tws()
        self.register_callback_functions()
        self.request_market_data(self.symbol_id, self.symbol)
        self.request_account_updates(self.account_code)

        while True:
            time.sleep(1)

    except Exception, e:
        print "Error:", e
        self.cancel_market_data(self.symbol)

    finally:
        print "disconnected"
        self.disconnect_from_tws()
```

connect_to_tws 方法建立到 TWS 的套接字连接。register_callback_functions 方法分配处理服务器响应的函数。request_market_data 方法通知服务器开始将数据流传输到交易系统，request_account_updates 方法通知服务器开始将头寸信息传输到交易系统。account_code 变量包含由代理商分配的账号，在连接到 TWS 时分配。

对 TWS 进行所有必要的函数调用后，无限 while 循环使交易系统程序响应市场事件的同时在后台运行。当脚本停止运行，cancel_market_data 方法可在关闭与 TWS 的连接前终止市场数据流功能。

以下代码实现 register_callback_functions 方法：

```
def register_callback_functions(self):
```

```
# Assign server messages handling function.
self.tws_conn.registerAll(self.server_handler)

# Assign error handling function.
self.tws_conn.register(self.error_handler, 'Error')

# Register market data events.
self.tws_conn.register(self.tick_event,
                       message.tickPrice,
                       message.tickSize)
```

此处添加了一个附加的 register 方法监听来自服务器消息的 tickPrice 和 tick-Size 对象。tick_event 方法处理传入的 tick 数据。

request_market_data 方法请求 TWS 开始传输特定股票报价的市场数据流。reqMktData 方法接受整数标识符和 Contract 对象。对于这种情况，通用 tick 类型参数为空，并且不需要快照市场数据，如 False 值所示。此方法的使用对应于 IB API 页面上记录的 reqMktData 方法。

添加 time. sleep 方法，允许足够的通信延迟，确保完成与 TWS 的连接：

```
def request_market_data(self, symbol_id, symbol):
    contract = self.create_contract(symbol,
                                     'STK',
                                     'SMART',
                                     'SMART',
                                     'USD')
    self.tws_conn.reqMktData(symbol_id, contract, '', False)
    time.sleep(1)
```

以相同的方式请求账户更新。如果第一个参数设置为 True，则客户端开始接收账户和投资组合更新。否则，客户端将停止接收此信息：

```
def request_account_updates(self, account_code):
    self.tws_conn.reqAccountUpdates(True, account_code)
```

8.6.2　处理事件

修改 error_handler 方法，使其仅打印错误消息：

```
def error_handler(self, msg):
    if msg.typeName == "error" and msg.id != -1:
        print "Server Error:", msg
```

server_handler 方法处理除市场数据外的其他信息，包括位置和账户更新。本例只对当前的头寸、未实现的损益以及已实现的损益信息感兴趣。此信息可以从

updatePortfolio 类型的 tick 数据获取。nextValidId 和 managedAccounts 类型的 tick 数据分别包含下一个所需标识号和账户代码信息。此时忽略其余的消息：

```
def server_handler(self, msg):
    if msg.typeName == "nextValidId":
        self.order_id = msg.orderId
    elif msg.typeName == "managedAccounts":
        self.account_code = msg.accountsList
    elif msg.typeName == "updatePortfolio" \
            and msg.contract.m_symbol == self.symbol:
        self.unrealized_pnl = msg.unrealizedPNL
        self.realized_pnl = msg.realizedPNL
        self.position = msg.position
    elif msg.typeName == "error" and msg.id != -1:
        return
```

tick_event 方法可处理在 TWS 订阅的由 tickPrice 和 tickSize 类型 tick 数据定义的市场数据。在 message 对象的 msg 变量中，字段值 1 表示接收的价格是市场买入报价，值 2 表示接收的价格是市场卖出报价，值 3 表示最后交易价格。在这个系统中，我们只对成交价格感兴趣。下一节将进一步阐述成交价格的使用方法。

对于收到的每个市场报价信息，利用 perform_trade_logic 方法执行交易逻辑：

```
def tick_event(self, msg):
    if msg.field == 1:
        self.bid_price = msg.price
    elif msg.field == 2:
        self.ask_price = msg.price
elif msg.field == 4:
    self.last_prices.loc[dt.datetime.now()] = msg.price
    resampled_prices = \
        self.last_prices.resample(self.resample_interval,
                                  how='last',
                                  fill_method="ffill")
self.average_price = resampled_prices.tail(
    self.averaging_period).mean()[0]
self.perform_trade_logic()
```

8.6.3　实现均值回归算法

均值回归算法是交易研究中最常用的方法之一。下面将在算法交易系统实现一个简单的均值回归策略。

假设正常的市场条件下，股票平均价格一定时间内将在买入价和卖出价之间浮动。当市场价格偏离平均价格时，例如受到一些重大市场力量的影响，我们认为市场价格将恢复到长期平均价格水平。这种情况发生时，可以通过市场价格开仓；也可以用同样的方式平仓。

在 tick_event 方法中，接收价格将用于交易逻辑。最终价格存储在接收到 tick 数据时间索引的 pandas DataFrame 对象中。活跃市场条件下，两个连续 tick 的时间差可以小到一秒钟。对此，我们将进行某种高频数据管理，但这并不是真正的高频交易。研究高频数据的第一步是通过重采样标准化时间戳（timestamp）。pandas 模块包含一个 resample 方法，能以固定间隔对时间序列价格抽样。

```
self.last_prices.resample(self.resample_interval,
                          how='last',
                          fill_method="ffill")
```

上述代码用于重新采样最终价格的时间序列。第一个参数定义重采样间隔，目前间隔为 30 秒。how 参数确定重采样的方式。本例选择使用 last 值在每个间隔结束时取最后价格。fill_method 参数选择当重采样的 pandas 时间系列价格遇到空值该如何填充。ffill 值指定此参数将使用上述值（如果适用）填充空的重采样值。

average_price 变量存储过去 5 分钟间隔内，由 averaging_period 定义最新交易价格的平均值。当间隔为 30 秒时，查看过去两分半的平均重采样价格：

```
self.average_price = resampled_prices.tail(
    self.averaging_period).mean()[0]
```

perform_trade_logic 函数的实现如下：

```
def perform_trade_logic(self):
    # Is buying at the market lower than the average price?
    is_buy_signal = self.ask_price < self.average_price

    # Is selling at the market higher than the average price?
    is_sell_signal = self.bid_price > self.average_price

    # Print signal values on every tick
    print dt.datetime.now(), \
        " BUY/SELL? ", is_buy_signal, "/", is_sell_signal, \
        " Avg:", self.average_price

    # Use generated signals, if any, to open a position
    if self.average_price != 0 \
        and self.bid_price != 0 \
        and self.ask_price != 0 \
        and self.position == 0 \
```

```
                 and not self.is_position_opened:

        if is_sell_signal:
            self.place_market_order(self.symbol, self.qty , False)
            self.is_position_opened = True

        elif is_buy_signal:
            self.place_market_order(self.symbol, self.qty , True)
            self.is_position_opened = True

    # If position is already opened, use generated signals
    # to close the position.
    elif self.is_position_opened:

        if self.position > 0 and is_sell_signal:
            self.place_market_order(self.symbol, self.qty , False)
            self.is_position_opened = False
elif self.position <0 and is_buy_signal:
    self.place_market_order(self.symbol, self.qty , True)
    self.is_position_opened = False

# When the position is open, keep track of our
# unrealized and realized P&Ls
self.monitor_position()
```

整个期间，当交易系统处于活动状态时，还需要向控制台打印信号变量和交易表现等信息。monitor_position 方法可实现此目的。

8.6.4   跟踪头寸

截至目前，我们已经完成了均值回归交易系统的构建，下面创建一个 Algo-System 的实例交易 100 股 FB 股票：

```
>>> if __name__ == "__main__":
>>>     system = AlgoSystem("FB", 100, "30s", 5)
>>>     system.start()
```

得到以下输出结果：

```
Server Version: 75
TWS Time at connection:20141212 17:20:11 CST
2014-12-12 17:20:25.394539  BUY/SELL?  False / False  Avg: 76.77
2014-12-12 17:20:25.394655  BUY/SELL?  False / False  Avg: 76.77
2014-12-12 17:20:25.647989  BUY/SELL?  False / False  Avg: 76.77
2014-12-12 17:20:25.650204  BUY/SELL?  True / False  Avg: 76.81
Placed order 100 of FB to BUY
```

```
2014-12-12 17:20:25.652497   BUY/SELL?   True / False   Avg: 76.81
...
2014-12-12 17:20:28.400413   BUY/SELL?   False / False   Avg: 76.77
Position:100 UPnL:-4.0 RPnL:-4.0
2014-12-12 17:20:28.722000   BUY/SELL?   False / False   Avg: 76.77
Position:100 UPnL:-4.0 RPnL:-4.0
2014-12-12 17:20:28.724448   BUY/SELL?   True / False   Avg: 76.8
...
2014-12-12 17:20:56.471880   BUY/SELL?   False / False   Avg: 76.775
Position:100 UPnL:-4.0 RPnL:-4.0
2014-12-12 17:20:56.684852   BUY/SELL?   False / False   Avg: 76.775
Position:100 UPnL:-4.0 RPnL:-4.0
2014-12-12 17:20:56.687029   BUY/SELL?   False / True   Avg: 76.74
Placed order 100 of FB to SELL
2014-12-12 17:20:56.688781   BUY/SELL?   False / True   Avg: 76.74
2014-12-12 17:20:57.519985   BUY/SELL?   False / True   Avg: 76.74
```

在 TWS 中，可以用 Account 跟踪头寸：

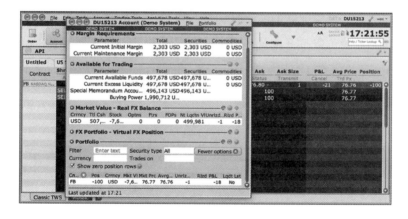

大多数交易系统采用不同信号指标的组合进行套期保值，使头寸不会承受过多的风险。换言之，一个稳健的交易系统需要详细的规划和广泛的回测，以减少损失增加利润。许多商业交易平台具有大量内置的高级功能，交易平台的选择取决于哪个能最好地执行交易策略。

8.7 使用 OANDA API 进行外汇交易

目前我们通过一个端口的套接字连接与 Interactive Brokers 的 Trader Work Station X交互，实现了交易系统。本节介绍如何将交易策略与 OANDA 的 REST

API 接口交互。OANDA 为外汇业务的主要参与者，重点服务于零售投资者。本节使用趋势跟踪策略交易外汇产品。

8.7.1 什么是 REST

REST 为 Representational State Transfer 的缩写，指的是通过 HTTP 使用 GET、PUT、POST 或 DELETE 方法传输数据的 API。

有了 REST API，我们可以使用支持 HTTP 连接的数据传输编程语言和 JavaScriptObject Notation（JSON）解析器传输市场数据并进行交易。

REST 连接是一种不保留信息的连接。发送方或接收方不存储信息。发送方不期望接收到数据的确认，接收方接收数据无需提前建立连接。

8.7.2 设置 OANDA 账户

OANDA 提供免费练习账户以供测试交易系统。当你准备好使用真实账户进行实盘交易时，只需要关联的账户标识符并访问令牌密钥。

创建练习账户可以打开网址 http://www.oanda.com，选择 **Try a free demo**；或访问 https://fxtrade.oanda.com/your_account/fxtrade/register/game/signup 直接注册，将会出现类似以下截图的注册页面：

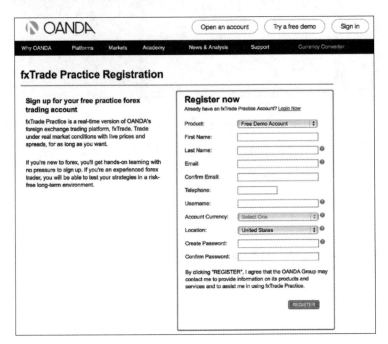

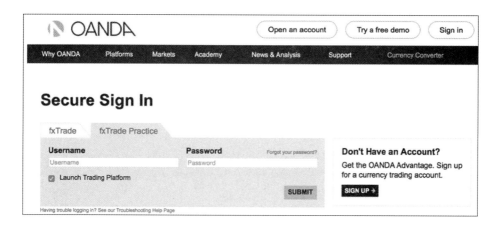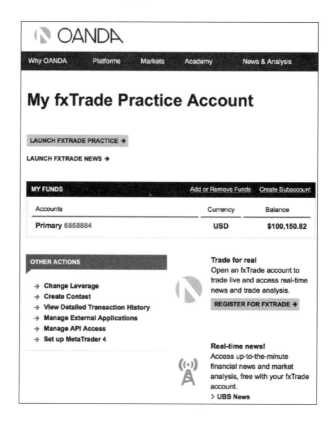

激活账户后，点击 Sign in 访问登录页面。输入登录信息前，请务必选择 fxTrade Practice选项卡，如以下屏幕截图所示：

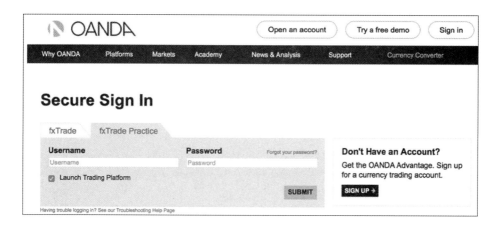

登录成功后，你可以查看练习账户管理页面，如以下屏幕截图所示。MY FUNDS 部分下，请记下 MY FUNDS 部分主账户旁边的 7 位数字，这是你的账户标识符。本例显示的账户标识符为 6858884：

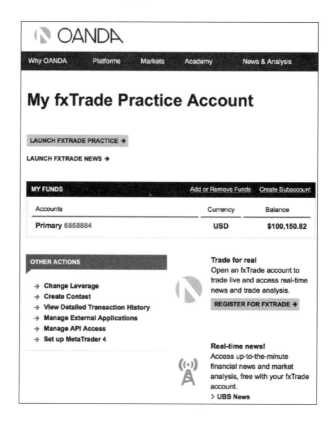

要为你的应用程序获取 API 访问令牌，请在页面左下角的 OTHER AC-
TIONS 部分选择 Manage API Access，获取 API 访问令牌，如下图所示：

单击 Generate 获取 API 访问令牌。API 访问令牌是唯一的，只能生成一次，
请务必记下令牌供以后使用：

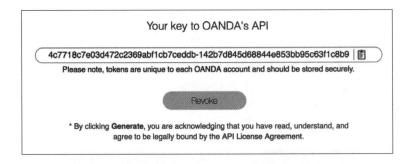

返回练习账户管理页面，你还可以启动 **fxTrade Practice**。fxTrade 是 OANDA
提供的交易平台之一，可以应用于任何操作系统。开启 fxTrade 后即可开始外汇
交易：

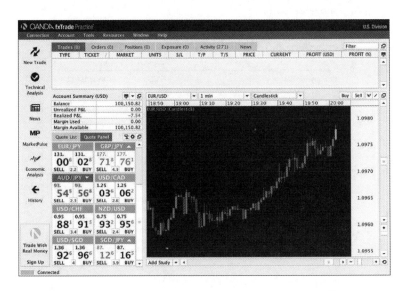

保持该窗口的打开状态。使用 API 向服务器发送指令时，交易将反映在 fxTrade平台。

8.7.3　OANDA API 使用方法

OANDA 的开发者页面是 http://developer.oanda.com，包含交易系统开发中与 API 接口相关的丰富信息。

8.7.4　获取 oandapy——OANDA REST API 包装器

为在外汇交易平台使用 Python，你需要下载 REST API 的 Python 包装器，访问 https://github.com/oanda/oandapy，将 oandapy.py 文件下载到工作目录。

使用 oandapy.py 时需要 python-requests 模块。若已经安装了 pip，在终端运行以下命令：

```
$ pip install requests
```

现在已经实现 Python 与 OANDA 的 REST API 交互。

8.7.5　获取并解析汇率数据

本节将使用 oandapy 模块获得当前汇率。定义 account_id 和 key 变量分别存储账户标识符和访问令牌：

```
>>> account_id = 6858884
>>> key = "4c7718c7e03d472c2369abf1cb7ceddb-" \
>>>         "142b7d845d68844e853bb95c63f1c8b9"
```

接下来，使用以下代码创建 oandapy.API 实例作为 oanda 变量。通过传递具有字符串值 EUR_USD 的 instruments 参数调用 get_prices 方法，以便提取欧元/美元（EUR/USD）的汇率：

```
>>> """ Fetch rates """
>>> import oandapy
>>>
>>> oanda = oandapy.API(environment="practice", access_token=key)
>>> response = oanda.get_prices(instruments="EUR_USD")
```

查看返回的响应数据：

```
>>> print response
{u'prices': [{u'ask': 1.0976, u'instrument': u'EUR_USD', u'bid':
1.09744, u'time': u'2015-03-26T02:15:30.015091Z'}]}
```

返回的数据是包含相应价格列表的 prcie 键字典对象类型。使用 bid、ask、instrument 和 time 键解析列表中第一个项目的数据，并将它们分配给单独的变量。

```
>>> prices = response["prices"]
>>> bidding_price = float(prices[0]["bid"])
>>> asking_price = float(prices[0]["ask"])
>>> instrument = prices[0]["instrument"]
>>> time = prices[0]["time"]
```

输出每一个变量，确保已正确解析字典数据：

```
>>> print "[%s] %s bid=%s ask=%s" % (
>>>     time, instrument, bidding_price, asking_price)
[2015-03-26T02:22:54.776348Z] EUR_USD bid=1.09746 ask=1.09762
```

欧元/美元的当前买入价和卖出价分别为 1.097 46 和 1.097 62。

8.7.6 发送指令

限价指令（limit order）、止损指令（stop order）和触价指令（market-if-touched order）必须包含到期时间。使用以下代码向服务器发送有效期为一天，以 1.105 的价格卖出 1000 单位欧元/美元的限价指令。

```
>>> """ Send an order """
>>> from datetime import datetime, timedelta
>>>
>>> # set the trade to expire after one day
>>> trade_expire = datetime.now() + timedelta(days=1)
>>> trade_expire = trade_expire.isoformat("T") + "Z"
>>>
>>> response = oanda.create_order(
>>>     account_id,
>>>     instrument="EUR_USD",
>>>     units=1000,
>>>     side="sell", # "buy" or "sell"
>>>     type="limit",
>>>     price=1.105,
>>>     expiry=trade_expire)
```

```
>>> print response
{u'orderOpened': {u'lowerBound': 0, u'stopLoss': 0, u'takeProfit': 0,
u'upperBound': 0, u'expiry': u'2015-03-26T21:42:28.000000Z',
u'trailingStop': 0, u'units': 1000, u'id': 910641795, u'side':
u'sell'}, u'instrument': u'EUR_USD', u'price': 1.105, u'time':
u'2015-03-26T02:42:28.000000Z'}
```

✎ type 参数的有效指令类型为 limit、stop、marketIfTouched 和 market。

这里 oanda 和 account_id 变量是上一节重复使用的。响应数据是字典对象类型。下单成功后，限价指令交易将显示在 fxTrade Practice 平台的 Orders 选项卡下，如以下屏幕截图所示：

TYPE	TICKET	MARKET	UNITS	S/L	T/P	T/S	PRICE	CURRENT	DISTANCE	EXPIRY
Sell Limit	910643134	EUR/USD	1,000				1.1050	1.0972	77.4	Mar 26, 16:49

8.8 构建趋势跟踪外汇交易平台

根据收集到的外汇 tick 数据，我们以固定间隔对时间序列重新取样，计算在相当短时间间隔和长时间间隔内价格的平均值。价格序列的 beta 值即短期平均价格与长期平均价格的比率。价格系列不存在趋势，当比率为 1 时，短期价格等于长期价格；当价格处于上升趋势时，短期价格高于长期平均价格水平，beta 值大于 1；相反，当价格处于下降趋势时，beta 小于 1。

本节将讨论趋势跟踪交易系统的实施方法，即价格处于上升趋势时买入，价格下跌时卖出。

8.8.1 设置主程序

创建一个名为 ForexSystem 的类，继承 oandapy. Streamer 类，构造函数中包含以下必需的变量：

```
"""
Implementing the trend-following algorithm
for trading foreign currencies
"""
import oandapy
from datetime import datetime
import pandas as pd
```

```
class ForexSystem(oandapy.Streamer):
    def __init__(self, *args, **kwargs):
        oandapy.Streamer.__init__(self, *args, **kwargs)
        self.oanda = oandapy.API(kwargs["environment"],
                                 kwargs["access_token"])

        self.instrument = None
        self.account_id = None
        self.qty = 0
        self.resample_interval = '10s'
        self.mean_period_short = 5
        self.mean_period_long = 20
        self.buy_threshold = 1.0
        self.sell_threshold = 1.0

        self.prices = pd.DataFrame()
        self.beta = 0
        self.is_position_opened = False
        self.opening_price = 0
        self.executed_price = 0
        self.unrealized_pnl = 0
        self.realized_pnl = 0
        self.position = 0
        self.dt_format = "%Y-%m-%dT%H:%M:%S.%fZ"
```

在 ForexSystem 类创建一个名为 begin 的方法作为程序的起点，调用 self. start 时开始传输汇率数据流：

```
def begin(self, **params):
    self.instrument = params["instruments"]
    self.account_id = params["accountId"]
    self.qty = params["qty"]
    self.resample_interval = params["resample_interval"]
    self.mean_period_short = params["mean_period_short"]
    self.mean_period_long = params["mean_period_long"]
    self.buy_threshold = params["buy_threshold"]
    self.sell_threshold = params["sell_threshold"]

    self.start(**params)  # Start streaming prices
```

8.8.2　处理事件

on_success 方法继承自 oandapy. Streamer 类，将处理收到的汇率数据。下述代码把这些数据解析成各自的变量，以便在 tick_event 方法中使用：

```
def on_success(self, data):
    time, symbol, bid, ask = self.parse_tick_data(
        data["tick"])
    self.tick_event(time, symbol, bid, ask)
```

8.8.3　实现趋势跟踪算法

tick_event 方法通过重新采样时间序列计算该 tick 数据的信息。本例将存储买入价和卖出价的中间价格。perform_trade_logic 方法的 beta 确定开仓或平仓，每次调用该方法都会自动打印系统状态：

```
def tick_event(self, time, symbol, bid, ask):
    midprice = (ask+bid)/2.
    self.prices.loc[time, symbol] = midprice

    resampled_prices = self.prices.resample(
        self.resample_interval,
        how='last',
        fill_method="ffill")

    mean_short = resampled_prices.tail(
    self.mean_period_short).mean()[0]
mean_long = resampled_prices.tail(
    self.mean_period_long).mean()[0]
self.beta = mean_short / mean_long

self.perform_trade_logic(self.beta)
self.calculate_unrealized_pnl(bid, ask)
self.print_status()
```

本例的 perform_trade_logic 方法，买入信号通过发送买入市价单建立多头头寸，或者平仓现有的空头头寸。相反，卖出信号通过发送卖出市价指令指示建立新的空头头寸，或者平仓现多头头寸：

```
def perform_trade_logic(self, beta):

    if beta > self.buy_threshold:
        if not self.is_position_opened \
                or self.position < 0:
            self.check_and_send_order(True)

    elif beta < self.sell_threshold:
        if not self.is_position_opened \
                or self.position > 0:
            self.check_and_send_order(False)
```

8.8.4　跟踪头寸

print_status 方法在系统运行时显示时间、货币组合、头寸、beta 以及损益情况，代码如下：

```
def print_status(self):
    print "[%s] %s pos=%s beta=%s RPnL=%s UPnL=%s" % (
        datetime.now().time(),
        self.instrument,
        self.position,
        round(self.beta, 5),
        self.realized_pnl,
        self.unrealized_pnl)
```

用如下代码运行算法交易系统:

```
if __name__ == "__main__":
    key = "4c7718c7e03d472c2369abf1cb7ceddb-" \
          "142b7d845d68844e853bb95c63f1c8b91"
    account_id = 6858884
    system = ForexSystem(environment="practice", access_token=key)
    system.begin(accountId=account_id,
                 instruments="EUR_USD",
                 qty=1000,
                 resample_interval="10s",
                 mean_period_short=5,
                 mean_period_long=20,
                 buy_threshold=1.,
                 sell_threshold=1.)
```

本例指定系统每次交易 1000 单位 EUR/USD, 时间序列的重采样周期为 10
秒, 短期平均周期定义为最近的 5 个周期或 50 秒, 长期平均周期定义为最近的
20 个周期或 200 秒, beta 超过买入阈值 1 时, 系统建立 1000 单位的多头头寸,
beta 下降到卖出阈值 1 以下时, 系统建立 1000 单位的空头头寸。

输出结果前几行如下所示:

```
[09:31:59.067633] EUR_USD pos=0 beta=1.0 RPnL=0 UPnL=0
[09:31:59.163893] EUR_USD pos=0 beta=1.0 RPnL=0 UPnL=0
[09:32:00.233068] EUR_USD pos=0 beta=1.0 RPnL=0 UPnL=0
```

假设一段时间后, beta 的值减少。交易系统将遵循这一趋势, 通过市场下单
销售 1000 单位 EUR/USD。此时输出状态如下所示:

```
[09:35:42.305521] EUR_USD pos=0 beta=1.0 RPnL=0 UPnL=0
Placed order sell 1000 EUR_USD at market.
[09:35:42.765773] EUR_USD pos=-1000 beta=0.99999 RPnL=0 UPnL=-0.14
[09:35:48.434842] EUR_USD pos=-1000 beta=0.99999 RPnL=0 UPnL=-0.11
...
[09:38:28.864373] EUR_USD pos=-1000 beta=0.99984 RPnL=0 UPnL=0.32
[09:38:29.096078] EUR_USD pos=-1000 beta=0.99984 RPnL=0 UPnL=0.31
```

在 fxTrade Practice 平台可以查看交易信息：

交易系统将会无限期运行，直到用〈Ctrl + Z〉或类似指令终止进程。

下一节将讨论交易系统的风险管理。

8.9　风险价值模型

风险价值模型（Value at Risk，VaR）是金融行业最常用的风险衡量标准，旨在回答一定概率水平（置信度）下，某一金融资产或证券组合价值在未来特定时期的最大可能损失。VaR 的优点是可以应用于从特定微观层面（如头寸）到宏观层面（如投资组合）的多个层次。例如，在未来一天内，置信度为 95%，VaR 值为 100 万元。其含义是一天内，由于市场价格变化带来的最大损失超过 100 万元的概率为 5%，即平均 20 个交易日才可能出现一次这种情况。

下图说明了均值为 0% 的正态分布投资组合回报，其中 VaR 是对应于投资组合回报分布的第 95 百分位数的损失。

假设一个声称与标准普尔 500 指数相同风险的基金管理着 1 亿美元，预期回报率为 9%，标准差为 20%。使用方差—协方差法计算 5% 风险水平或 95% 置信度的每日 VaR，可使用以下公式：

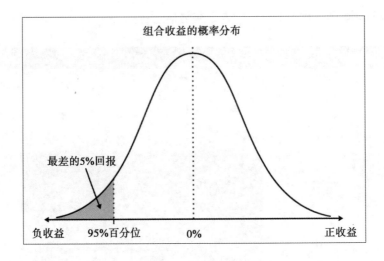

$$\text{每日波动}, \sigma = \frac{20\%}{\sqrt{252}} = 1.26\%$$

$$\text{每日预期收益}, u = \frac{9\%}{252} = 0.036\%$$

$$VaR = P - P(N-1(\alpha, u, \sigma)+1) = \$2\,036\,606.50$$

P 是投资组合的价值，N^{-1}（α，u，σ）是风险水平为 α，均值为 u，标准差为 σ 的逆正态概率分布。假设每年交易天数为 252 天，则 VaR 为 2 036 606.50 美元。

VaR 并不是完美的，它没有考虑正态分布曲线尾部远端发生的极端事件的损失概率。当超过某个 VaR 水平时，损失的量级也将难以估计。我们研究的 VaR 方法使用历史数据和假定的固定波动水平，这些不足以代表未来表现。

下述代码可计算 Yahoo! Finance 中 AAPL 股票价格的每日 VaR：

```
import datetime as dt
import numpy as np
import pandas.io.data as rda
from scipy.stats import norm

def calculate_daily_VaR(P, prob, mean, sigma,
                        days_per_year=252.):
    min_ret = norm.ppf(1-prob,
                       mean/days_per_year,
                       sigma/np.sqrt(days_per_year))
    return P - P*(min_ret+1)

if __name__ == "__main__":
    start = dt.datetime(2013, 12, 1)
    end = dt.datetime(2014, 12, 1)
```

```
prices = rda.DataReader("AAPL", "yahoo", start, end)
returns = prices["Adj Close"].pct_change().dropna()

portvolio_value = 100000000.00
confidence = 0.95
mu = np.mean(returns)
sigma = np.std(returns)

VaR = calculate_daily_VaR(portvolio_value, confidence,
                          mu, sigma)
print "Value-at-Risk:", round(VaR, 2)
```

假设每年 252 个交易日，calculate_daily_VaR 函数计算每日 VaR。mean 和 sigma 变量分别是日均股票收益的平均值和年标准差。scipy. stats 模块的 norm. ppf 方法执行逆正态分布，风险级别为 1-prob，其中 prob 是置信度。

pandas. io. data. DataReader 函数可以远程访问某些数据源，包括以下内容：

❑ Yahoo! Finance

❑ Google Finance

❑ St. Louis Fed（FRED）

❑ Kenneth French's data library

❑ World Bank

❑ Google Analytics

以 Yahoo! Finance 为例，将 yahoo 值囊括在函数参数的字符串引号中，同时包含数据的开始和结束日期。返回 DataFrame 对象的 Adj Close 列用于计算每日价格变化百分比。调用 calculate_daily_VaR 函数计算每日 VaR：

Value-at-Risk: 138755.57

在 95％ 的置信度下，AAPL 的每日 VaR 为 138 755. 57 美元。

8. 10　总结

本章介绍了算法交易如何产生，交易方式从交易场到电子交易大厅的演变，及经纪商为客户提供的 API 服务。我们使用了 IB 的 TWS 和 IbPy 模块开发算法交易系统。

第一个交易程序使用示范账户，通过 TWS API 成功向交易系统发送了指令。接下来，我们开发了一个从服务器请求市场数据和账户更新的算法交易系统，利用捕获的实时信息，实现了用平均回归算法进行交易。但这个交易系统只使用了一个指标，我们需要进一步完善，建立一个可靠、稳定盈利的交易系统。

借助 oandapy 模块，通过 OANDA REST API 进行外汇交易。设置完 API 访问账户后，我们获取单一货币对的汇率，并向服务器发送限价指令。借助 fxTrade Practice 平台，可以跟踪当前的交易、指令和头寸情况。接下来开发了一种趋势跟踪算法，使用汇率数据流和市场指令进行 EUR/USD 的货币组合交易。

VaR 是金融行业最常用的风险衡量标准，本章采用较实际的方法计算了 AAPL股票价格的每日 VaR 值。

一旦建立了有效算法交易系统，我们可以探索其他方法来衡量该交易策略的实施效果。此类方法之一为回溯测试，下一章将着重讨论这个主题。

第 9 章

回　溯　测　试

回溯测试（backtest，简称回测）是借助历史数据测试模型驱动的投资策略。本章将使用面向对象设计方法实现一个事件驱动的回溯测试系统，将所得的利润和损失绘制在图表上，以可视化交易策略的表现。建立一个优良的模型还需考虑交易成本、延迟执行指令，以及通过回测访问详细交易。

本章主要探讨设计回测模型的 10 个注意事项，回溯测试可采用如 k-均值聚类算法、KNN 机器学习算法、分类回归树、2k 析因设计和遗传算法等多种算法实现。

本章讨论以下主题：

❑ 回溯测试概述

❑ 回溯测试的缺陷

❑ 事件驱动的回测系统

❑ 设计并运行回测系统

❑ 创建 TickData、MarketData、MarketDataSource 和 Order 类

❑ 创建 Position、Strategy 和 MeanRevertingStrategy 类

❑ 创建并运行 Backtester 类

❑ 建立回测模型的 10 个注意事项

❑ 回溯测试的算法讨论

9.1　回溯测试概述

回溯测试是借助历史数据测试模型驱动的投资策略，以检测系统与过程。使用历史数据可以节省检验投资策略的时间。回溯测试能够根据测试期间的变动测试投资理论，也可用于评估和校准投资模型。

创建模型只是迈出了万里长征第一步。投资策略通常采用模型模拟执行交易决策，并计算与风险或回报相关的各种因素，这些因素通常一起使用以确定预期回报。

9.1.1　回溯测试的缺陷

目前回溯测试仍有许多问题需要解决。比如，它无法完全复制投资策略在实际交易环境中的表现。受第三方数据供应商的异常值影响，历史数据的质量也难以保证。前视偏差（look-ahead bias）有多种形式，例如，上市公司可能分拆、合并或退市，从而导致股票价格发生重大变化。

对基于指令薄（order book）的交易策略来说，连续时间内的集体可见需求和供给的市场微观结构难以真实地模拟，而且这种需求和供给受世界各地新闻事件的影响。此外，冰山指令（iceberg order）和限价指令（resting order）都是市场中的一些隐藏元素。若使回测系统能准确地测试交易模型，还需考虑交易成本、延迟执行指令，以及通过回测访问详细交易。

 前视偏差是分析期间使用的未来数据，导致模拟或研究结果不准确。所以使用仅在研究期间有效的信息至关重要。

金融实践中，冰山指令通常是指分成几个小指令的大指令。而只有一小部分的指令是公众可见的，就像"冰山一角"，实际指令的情况是隐藏的。

限价指令是其价格远离市场价格，并且正在等待执行的指令。

9.1.2　事件驱动回溯测试系统

在设计和开发回溯测试时，可以从创建视频游戏的角度出发。创建虚拟的市场定价和订购环境类似于创建虚拟游戏世界，交易也可看作一个低买高卖的惊险游戏。

虚拟交易环境需要模拟价格馈送、指令匹配、交易委托账本管理以及账户和头寸更新的组件。为了实现这些功能，我们需要了解事件驱动的回溯测试系统的概念。

下面从游戏开发过程中使用的事件驱动编程范例概念开始。通常，系统接收事件作为输入。该事件可以是用户键盘输入或移动鼠标，也可以是另一系统、过程或传感器生成的消息, 向主机系统通知传入事件。

以下流程图展示了游戏引擎系统:

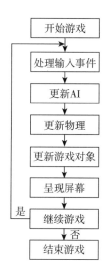

主游戏引擎循环的代码如下:

```
while is_main_loop: # Main game engine loop
  handle_input_events()
  update_AI()
  update_physics()
  update_game_objects()
  render_screen()
  sleep(1/60) # Assuming a 60 frames-per-second video game rate
```

主游戏引擎循环的核心功能是处理生成的系统事件, 如 handle_input_events 函数处理键盘事件 (keyboard event):

```
def handle_input_events()
  event = get_latest_event()

  if event.type == "UP_KEY_PRESS":
    move_player_up()
  elif event.type == "DOWN_KEY_PRESS":
    move_player_down()
```

使用事件驱动系统, 能够交换和使用来自不同系统组件的类似事件, 实现代码的模块化和可重用性。

设计交易平台时, 上述功能对处理不同的市场数据源、多个交易算法和不同运行环境时非常有帮助。模拟的交易环境非常接近现实, 并能够防止前视偏差。

9.2 设计并实施回溯测试系统

现在，我们要以设计视频游戏的方式创建一个回溯测试交易系统。采用面向对象式的方法，首先定义交易系统中各种组件所需的类。

为了对均值回归策略进行回溯测试，我们以 AAPL 股票为例，使用 Google Finance 的每日历史价格数据，用每日的收盘价计算 AAPL 的股价波动率。如果一定时间内回报的标准差与平均值 0 的差超过特定阈值，则会产生买入或卖出信号，系统将指令发送到交易所，以下一个交易日的开盘价执行。

一旦开仓，系统就将跟踪未实现和已实现的损益。当系统产生相反的信号时，立即执行与之前相反的操作。完成回溯测试后，系统将绘制损益图表，展示策略的执行效果。

以下部分解释实现回溯测试系统的类。

9.2.1 TickData 类

TickData 类为从市场数据源接收的单个数据单元。本例的数据单元包括股票代码、数据的时间戳、开盘价和最终价格：

```
""" Store a single unit of data """
class TickData:
    def __init__(self, symbol, timestamp,
                 last_price=0, total_volume=0):
        self.symbol = symbol
        self.timestamp = timestamp
        self.open_price = 0
        self.last_price = last_price
        self.total_volume = total_volume
```

我们可以添加 tick 数据的详细描述，例如总成交量、买入价格、卖出价格或最后成交量（last volume）。

9.2.2 MarketData 类

该类用于存储最终 tick 数据，还能检索价格数据。

```
class MarketData:
    def __init__(self):
        self.__recent_ticks__ = dict()
```

```
        def add_last_price(self, time, symbol, price, volume):
            tick_data = TickData(symbol, time, price, volume)
            self.__recent_ticks__[symbol] = tick_data

        def add_open_price(self, time, symbol, price):
            tick_data = self.get_existing_tick_data(symbol, time)
            tick_data.open_price = price

        def get_existing_tick_data(self, symbol, time):
            if not symbol in self.__recent_ticks__:
                tick_data = TickData(symbol, time)
                self.__recent_ticks__[symbol] = tick_data

            return self.__recent_ticks__[symbol]

        def get_last_price(self, symbol):
            return self.__recent_ticks__[symbol].last_price

        def get_open_price(self, symbol):
            return self.__recent_ticks__[symbol].open_price

        def get_timestamp(self, symbol):
            return self.__recent_ticks__[symbol].timestamp
```

9.2.3　MarketDataSource 类

　　MarketDataSource 类可从外部数据源（如 Google Finance 或 Yahoo! Finance）获取历史数据，还可提供如 start、end、ticker 和 source 等参数值。本例使用 pandas 的 DataReader 函数检索历史价格，保存每天的开盘价和收盘价后，每个 tick 事件会调用函数的 event_tick 变量。参数 yahoo 代表数据来源为 Yahoo! Finance，google 代表 Google Finance：

```
import pandas.io.data as web

""" Download prices from an external data source """
class MarketDataSource:
    def __init__(self):
        self.event_tick = None
        self.ticker, self.source = None, None
        self.start, self.end = None, None
        self.md = MarketData()

    def start_market_simulation(self):
        data = web.DataReader(self.ticker, self.source,
                              self.start, self.end)

        for time, row in data.iterrows():
            self.md.add_last_price(time, self.ticker,
                                   row["Close"], row["Volume"])
            self.md.add_open_price(time, self.ticker, row["Open"])
```

```
        if not self.event_tick is None:
            self.event_tick(self.md)
```

9.2.4　Order 类

Order 类表示从交易策略发送到服务器的委托。每个指令都包含时间戳、编号、数量、价格和指令大小。本例仅使用市场指令，系统可以进一步根据需要添加指令类型，例如限价指令和止损指令。指令完成后，系统将进一步更新成交时间、数量和价格：

```
class Order:
    def __init__(self, timestamp, symbol, qty, is_buy,
                 is_market_order, price=0):
        self.timestamp = timestamp
        self.symbol = symbol
        self.qty = qty
        self.price = price
        self.is_buy = is_buy
        self.is_market_order = is_market_order
        self.is_filled = False
        self.filled_price = 0
        self.filled_time = None
        self.filled_qty = 0
```

9.2.5　Position 类

Position 类用于跟踪当前的市场头寸和账户余额。position_value 变量从 0 开始，买入股票时，证券的价值从该账户扣除；卖出股票时，证券的价值记入该账户：

```
class Position:
    def __init__(self):
        self.symbol = None
        self.buys, self.sells, self.net = 0, 0, 0
        self.realized_pnl = 0
        self.unrealized_pnl = 0
        self.position_value = 0

    def event_fill(self, timestamp, is_buy, qty, price):
        if is_buy:
            self.buys += qty
        else:
            self.sells += qty

        self.net = self.buys - self.sells
        changed_value = qty * price * (-1 if is_buy else 1)
        self.position_value += changed_value
```

```
        if self.net == 0:
            self.realized_pnl = self.position_value

    def update_unrealized_pnl(self, price):
        if self.net == 0:
            self.unrealized_pnl = 0
        else:
            self.unrealized_pnl = price * self.net + \
                                  self.position_value

        return self.unrealized_pnl
```

9.2.6　Strategy 类

Strategy 类是其他策略实现的基础。新的市场 tick 数据到达时，调用 event_tick 方法；有指令更新时，调用 event_order 方法；头寸更新时，调用 event_position 方法；策略系统向主机组件发送市场指令时，调用 send_market_order 方法：

```
""" Base strategy for implementation """
class Strategy:
    def __init__(self):
        self.event_sendorder = None

    def event_tick(self, market_data):
        pass

    def event_order(self, order):
        pass

    def event_position(self, positions):
        pass

    def send_market_order(self, symbol, qty, is_buy, timestamp):
        if not self.event_sendorder is None:
            order = Order(timestamp, symbol, qty, is_buy, True)
            self.event_sendorder(order)
```

9.2.7　MeanRevertingStrategy 类

本例使用继承自 Strategy 类的 MeanRevertingStrategy 类实现均值回归策略。股票代码为 AAPL。

event_position 方法被更新以指示当前的头寸情况，防止重复委托指令。

每当 tick 数据传入，即作为 pandas DataFrame 对象存储，event_tick 方法随即被重写执行交易逻辑决定以计算策略参数。lookback_intervals 变量定义最多 20 天的历史价格，用于存储数据。

calculate_z_score 方法执行均值回归计算，计算前一天收盘价的百分比变化。dropna 函数删除结果中的空值，再计算返回值的标准分数（Z-score）：

$$Z\text{-}score = \frac{x - \mu}{\sigma}$$

这里，x 是最近的回报，μ 是回报的平均值，σ 是回报的标准差。z_score 值为 0，表示标准分数与平均值相同。当 z_score 的值达到分别由 sell_threshold 和 buy_threshold 变量定义的 1.5 或 −1.5 时，代表强烈的卖出或买入信号，因为我们预计随后时段 z_score 将恢复到平均值 0。信号产生时，系统将改变现有头寸：

```
"""
Implementation of a mean-reverting strategy
based on the Strategy class
"""
import pandas as pd

class MeanRevertingStrategy(Strategy):
    def __init__(self, symbol,
                 lookback_intervals=20,
                 buy_threshold=-1.5,
                 sell_threshold=1.5):
        Strategy.__init__(self)
        self.symbol = symbol
        self.lookback_intervals = lookback_intervals
        self.buy_threshold = buy_threshold
        self.sell_threshold = sell_threshold
        self.prices = pd.DataFrame()
        self.is_long, self.is_short = False, False

    def event_position(self, positions):
        if self.symbol in positions:
            position = positions[self.symbol]
            self.is_long = True if position.net > 0 else False
            self.is_short = True if position.net < 0 else False

    def event_tick(self, market_data):
        self.store_prices(market_data)
        if len(self.prices) < self.lookback_intervals:
            return

        signal_value = self.calculate_z_score()
        timestamp = market_data.get_timestamp(self.symbol)

        if signal_value < self.buy_threshold:
            self.on_buy_signal(timestamp)
        elif signal_value > self.sell_threshold:
            self.on_sell_signal(timestamp)
```

```
    def store_prices(self, market_data):
        timestamp = market_data.get_timestamp(self.symbol)
        self.prices.loc[timestamp, "close"] = \
            market_data.get_last_price(self.symbol)
        self.prices.loc[timestamp, "open"] = \
            market_data.get_open_price(self.symbol)

    def calculate_z_score(self):
        self.prices = self.prices[-self.lookback_intervals:]
        returns = self.prices["close"].pct_change().dropna()
        z_score = ((returns-returns.mean())/returns.std())[-1]
        return z_score

    def on_buy_signal(self, timestamp):
        if not self.is_long:
            self.send_market_order(self.symbol, 100,
                                   True, timestamp)

    def on_sell_signal(self, timestamp):
        if not self.is_short:
            self.send_market_order(self.symbol, 100,
                                   False, timestamp)
```

9.2.8　Backtester 类

定义了所有的核心组件后，我们可以通过 Backtester 类实现回溯测试引擎。

start_backtest 方法初始化交易策略，evthandler_order 方法定义该策略的指令处理程序，设置并运行市场数据源函数。从市场数据源函数接收到数据时，函数 evthandler_tick 处理每个传入的 tick 数据并传递到策略中。

此后，调用 match_order_book 方法与 is_order_unmatched 方法，根据当前市场价格，匹配系统中的待成交指令。没有待匹配指令时，is_order_unmatched 方法返回 True，否则返回 False。匹配指令时，调用 update_filled_position 方法更新头寸值，通知 Strategy 对象更新头寸，以及跟踪损益情况。匹配到指令时，is_order_unmatched 方法通知指令更新事件的 Strategy 对象。

最后，头寸更新数据打印到控制台，以跟踪账户状态。回溯测试引擎的主循环持续工作，直到从市场数据源获得最后一个 tick 数据。Backtester 类的代码如下：

```
import datetime as dt
import pandas as pd

class Backtester:
    def __init__(self, symbol, start_date, end_date,
                 data_source="google"):
```

```python
        self.target_symbol = symbol
        self.data_source = data_source
        self.start_dt = start_date
        self.end_dt = end_date
        self.strategy = None
        self.unfilled_orders = []
        self.positions = dict()
        self.current_prices = None
        self.rpnl, self.upnl = pd.DataFrame(), pd.DataFrame()

    def get_timestamp(self):
        return self.current_prices.get_timestamp(
            self.target_symbol)

    def get_trade_date(self):
        timestamp = self.get_timestamp()
        return timestamp.strftime("%Y-%m-%d")

    def update_filled_position(self, symbol, qty, is_buy,
                               price, timestamp):
        position = self.get_position(symbol)
        position.event_fill(timestamp, is_buy, qty, price)
        self.strategy.event_position(self.positions)
        self.rpnl.loc[timestamp, "rpnl"] = position.realized_pnl
        print self.get_trade_date(), \
            "Filled:", "BUY" if is_buy else "SELL", \
            qty, symbol, "at", price

    def get_position(self, symbol):
        if symbol not in self.positions:
            position = Position()
            position.symbol = symbol
            self.positions[symbol] = position

        return self.positions[symbol]

    def evthandler_order(self, order):
        self.unfilled_orders.append(order)

        print self.get_trade_date(), \
            "Received order:", \
            "BUY" if order.is_buy else "SELL", order.qty, \
             order.symbol

    def match_order_book(self, prices):
        if len(self.unfilled_orders) > 0:
            self.unfilled_orders = \
                [order for order in self.unfilled_orders
                    if self.is_order_unmatched(order, prices)]

    def is_order_unmatched(self, order, prices):
        symbol = order.symbol
        timestamp = prices.get_timestamp(symbol)

        if order.is_market_order and timestamp > order.timestamp:
```

```
                # Order is matched and filled.
                order.is_filled = True
                open_price = prices.get_open_price(symbol)
                order.filled_timestamp = timestamp
                order.filled_price = open_price
                self.update_filled_position(symbol,
                                            order.qty,
                                            order.is_buy,
                                            open_price,
                                            timestamp)
                self.strategy.event_order(order)
                return False
        return True

    def print_position_status(self, symbol, prices):
        if symbol in self.positions:
            position = self.positions[symbol]
            close_price = prices.get_last_price(symbol)
            position.update_unrealized_pnl(close_price)
            self.upnl.loc[self.get_timestamp(), "upnl"] = \
                position.unrealized_pnl

            print self.get_trade_date(), \
                "Net:", position.net, \
                "Value:", position.position_value, \
                "UPnL:", position.unrealized_pnl, \
                "RPnL:", position.realized_pnl

    def evthandler_tick(self, prices):
        self.current_prices = prices
        self.strategy.event_tick(prices)
        self.match_order_book(prices)
        self.print_position_status(self.target_symbol, prices)

    def start_backtest(self):
        self.strategy = MeanRevertingStrategy(self.target_symbol)
        self.strategy.event_sendorder = self.evthandler_order

        mds = MarketDataSource()
        mds.event_tick = self.evthandler_tick
        mds.ticker = self.target_symbol
        mds.source = self.data_source
        mds.start, mds.end = self.start_dt, self.end_dt

        print "Backtesting started..."
        mds.start_market_simulation()
        print "Completed."
```

9.2.9　运行回溯测试系统

本例假设股票 AAPL 的期间为 2014 年 1 月 1 日至 2014 年 12 月 31 日。默认情况下，目标市场数据源定义为 google。接下来调用 start_backtest 方法：

```
>>> backtester = Backtester("AAPL",
...                                    dt.datetime(2014, 1, 1),
...                                    dt.datetime(2014, 12, 31))
>>> backtester.start_backtest()
```

系统输出如下:

```
Backtesting started...
2014-02-27 Received order: SELL 100 AAPL
2014-02-28 Filled: SELL 100 AAPL at 75.58
2014-02-28 Net: -100 Value: 7558.0 UPnL: 40.0 RPnL: 0
2014-03-03 Net: -100 Value: 7558.0 UPnL: 19.0 RPnL: 0
2014-03-04 Net: -100 Value: 7558.0 UPnL: -31.0 RPnL: 0
...
```

一年内的每日股票信息都将打印到控制台。输出如下:

```
...
014-12-29 Net: -100 Value: 12504.0 UPnL: 1113.0 RPnL: 1278.0
2014-12-30 Net: -100 Value: 12504.0 UPnL: 1252.0 RPnL: 1278.0
2014-12-31 Net: -100 Value: 12504.0 UPnL: 1466.0 RPnL: 1278.0
Completed.
```

MeanRevertingStrategy 类交易 100 股 AAPL 股票。回测完成后,我们仍然有 100 股的未平仓空头头寸。此时已实现的损益为 1278 美元,而未实现的盈利为 1466 美元。

系统将每日已实现和未实现的损益情况分别存储到名为 rpnl 和 upnl 的 pandas DataFrame 对象,我们可以绘制图像,直观地显示策略的回报情况:

```
>>> import matplotlib.pyplot as plt
>>> backtester.rpnl.plot()
>>> plt.show()
```

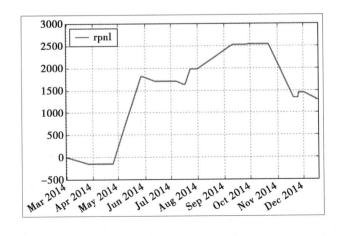

```
>>> backtester.upnl.plot()
>>> plt.show()
```

输出结果如下：

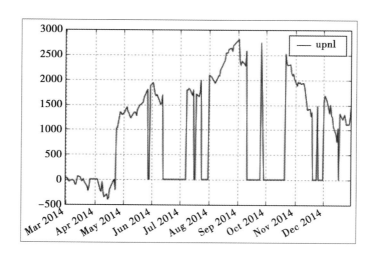

9.2.10　改进回溯测试系统

本节采用股票每日收盘价格的均值回归策略创建了回测系统。我们可以通过几个方面的改进使这个回测模型更加有效，可改进方面包括：历史日常价格是否足以测试模型？是否应使用日内限价指令？账户价值从零开始，如何准确地反映资本要求？能否借用股票进行做空？

本例采用面向对象式方法创建回测系统，该系统集成其他组件的难易程度如何？交易系统应该可以接受多个市场数据来源，是否应创建将系统部署到产品环境的其他组件？

上述可改进项目并不详尽。为创建更稳健的回测模型，下一节将详细阐述回测系统设计中 10 个注意事项。

9.3　回溯测试模型的 10 个注意事项

上一节执行了一次回溯测试，测试结果看起来相当乐观，但是否足以推断这是一个好的交易模型？事实上，回溯测试涉及大量的研究工作，足以成为一门单独的学科。以下列表简要介绍实施回溯测试时的注意事项。

9.3.1 模型的资源限制

有限的可用资源限制了回溯测试系统的能力。金融模型仅使用最后收盘价产生关闭信号，而交易系统需要从交易委托账本中读取每一刻所有级别的可用数据，这无疑增加了存储的复杂性。数据交换、估算技术和计算机资源等同样可以对模型的性能产生限制。

9.3.2 模型评价标准

什么样的模型才是好模型？以下标准可以提供参考，比如夏普比率、命中率、平均回报率、VaR 统计，以及最小和最大回撤。设计模型时该如何平衡这些指标？一个高夏普比率模型可接受的最大回撤幅度是多少？

9.3.3 估计回溯测试参数的质量

模型使用不同的参数自然会产生不同的结果。但结果最佳的模型参数最值得信赖吗？使用模型平均等方法，可以校正乐观估计。

> 模型平均技术是多个模型的平均拟合，而不是使用单个最佳模型。

9.3.4 应对模型风险

经过大规模回溯测试后，也许你会发现模型结果表现良好。但你对该模型的未来表现放心吗？模型风险是指市场结构或模型参数随时间变化，或者制度变化可能导致模型的功能突然变化。若上述情况发生，可能需要重新评估模型的正确性。应对模型风险的解决方案仍是使用模型平均法。

9.3.5 样本数据回测

回溯测试有助于利用样本数据的特性广泛搜索参数，优化模型的结果。但历史数据永远不会真实模仿实时的实盘交易市场。优化结果始终导致我们对模型和使用的策略产生乐观的评估。

9.3.6 解决回溯测试的常见缺陷

回溯测试最常见的错误是前视偏差。前视偏差有多种形式，例如，参数估计由完整周期的样本数据导出，这就导致未来信息的使用。因此我们应该按顺序进行统计估计和模型选择，但现实中这很难实施。

数据错误可能由硬件、软件和人为错误导致。况且上市公司可能分拆、合并或退市，导致股票价格发生重大变化，这些行为可能导致模型出现幸存者偏差。未能正确清理数据将影响模型参数。

> 幸存者偏差（survivorship bias）是在过去的选择过程中结果的逻辑错误。例如，即使在市场不景气时期，股票市场指数也可能表现强劲。这是因为市场指数已经将表现不佳的股票剔除，从而导致对历史回报的过高估计。

未使用收缩估计量或模型平均法可能产生极端值，从而难以进行比较和评估工作。

> 在统计学中，收缩估计（shrinkage estimator）作为普通最小二乘估计的替代法，以产生最小的均方误差，用于将模型输出的原始估计值向零或其他固定常数值靠拢。

9.3.7　常识错误

设计模型时可能犯常识性错误，如尝试用趋势变量解释无趋势变量，或者在不必要时使用对数值。

9.3.8　理解模型环境

只具备常识概念是远远不够的，好的模型需要考虑历史、操作人员、操作限制、共同特性，以及对模型理论的理解等因素。模型出现问题时，我们应当查验商品价格随季节变动模式、数据搜集方法、变量的计算公式等问题。

9.3.9　数据准确性

由于种种原因，tick 数据不是每个人都有权获取。此外，低分辨率 tick 数据可能会丢失许多详细信息，甚至出现错误。因此使用数据统计，如平均值、标准差、最大值、最小值和相关系数，能够确定数据的性质、数据可用性，进而推断回测参数。

整理数据时，我们可能会产生这样的疑问：有哪些需要注意的事项？数据是否现实并合乎逻辑？缺少数据如何编码？

使用图形将结果可视化，会产生出人意料的效果。直方图可显示意外的分布情况，残差图会显示意想不到的预测误差模式，残差数据的散点图会揭示新的建模机会。

 残留数据是观察值和模型值之间的差，又称为"残差"。

9.3.10　数据挖掘

经过反复多次回溯测试后，测试结果会成为新的信息来源；实时条件下运行模型也会产生新的信息来源。挖掘这些丰富的信息，我们可以获得数据驱动的结果，避免模型设计得到样本数据的现值。建议在报告结果时使用收缩估计或模型平均方法。

9.4　回溯测试中的算法选择

讨论了回溯测试模型的设计后，可以继续使用一个或多个算法来改进模型。本节简要介绍回溯测试中可用于改进模型的算法，例如数据挖掘和机器学习。

9.4.1　k-均值聚类算法

k-均值聚类算法是数据挖掘的聚类分析方法。依托回测结果的 n 个观察值，k-均值算法将数据分成 k 个聚类并计算每个聚类的中心点。该方法的目标是找出模型平均点的集群平方和。模型平均点代表模型的平均性能，可以与其他模型进行比较。

9.4.2　KNN 机器学习算法

k-nearest neighbor（KNN）是一种不构建任何模型的惰性学习技术。

回测系统通过随机或最佳猜测选择初始的回测模型参数集合，使用最接近原始集合的 k 个参数集合用于下一步骤计算，然后模型将采用最佳结果的参数集。

该计算过程直到满足终止条件才终止，得出可用的最佳模型参数集合。

9.4.3　分类回归树分析

分类回归树（classification and regression tree，CART）分析包含用于数据挖掘的两棵决策树。分类树使用分类规则在决策树中使用节点和分支，对模型的结果进行分类。回归树试图为分类的结果分配一个真实值。所有经 CART 得到的值皆被平均，可用于衡量决策质量。

9.4.4　2k 析因设计

设计回溯测试实验时，可以使用 2k 析因设计。假设有两个因素 A 和 B，每个因素的行为对应一个布尔值，$+1$ 或 -1。$+1$ 指较大值，-1 指较小值。这将产生 $2^2 = 4$ 种结果的组合。对于三因素模型，就有 $2^3 = 8$ 种结果的组合。下表为双因子的示例，结果为 W、X、Y 和 Z：

	A	B	组合结果 I
布尔值	$+1$	$+1$	W
布尔值	$+1$	-1	X
布尔值	-1	$+1$	Y
布尔值	-1	-1	Z

基于这些数据可以执行回归分析计算其方差，确定哪些因素更具影响力，应选择什么值使结果接近期望值，以及哪些值能够实现最低方差或将不可控变量的影响最小化。

9.4.5　遗传算法

遗传算法（genetic algorithm，GA）技术中，每个个体通过自然选择过程发生自身演变以优化问题。优化问题的候选解群体经历选择迭代过程成为父母，经历突变和交叉产生后代。在连续世代的循环中，群体将朝着最优解方向演变。

遗传算法可用于回溯测试，解决标准优化问题、不连续或不可微分问题以及非线性问题等。

9.5　总结

回溯测试是借助历史数据测试模型驱动的投资策略，以检测系统与过程，并计算与风险或回报有关的各种因素。结合这些因素我们可以确定预期回报。

本章介绍了事件驱动的回溯测试系统的概念。在设计和开发后台设备的过程中，实现了模拟市场定价、指令环境、指令匹配引擎、指令簿管理以及账户和头寸更新等功能。

本章使用 TickData 类、MarketDataSource 类、Order 类、Position 类、Strategy 类、MeanRevertingStrategy 类和 Backtester 类设计并实现了事件驱动的回溯测试系统，并将利润和损失绘制在图表上，可视化交易策略的表现。

回溯测试涉及大量的研究工作，足以成为一门单独的学科。本章简要介绍了设计回测模型的 10 个注意事项。此外，为了优化交易模型，我们可以在回溯测试中使用 k-均值聚类算法、KNN 机器学习算法、分类回归树、2k 析因设计和遗传算法。

下一章将借助组件对象模型（Component Object Model，COM）讨论 Python 和 Excel 的集成。

第 10 章

Python 与 Excel 的融通

在金融业中，Microsoft Office Excel 是债券交易者的得力助手，VBA（Visual Basic for Application）可执行自动化的任务处理。Excel 支持使用**组件对象模型**（Component Object Model，COM）扩展自定义任务，可通过 COM 加载项作为进程内 COM 服务器实现。借助 VBA，可以为 COM 加载项函数创建装饰器，以便 COM 组件可以用作工作表单元格公式函数。COM 还允许不同软件和硬件环境的对象重用以实现交互，而无需了解其内部实现方式。

本章将学习如何在 Python 中构建一个 COM 服务器，并在 Microsoft Excel 中创建一个 COM 客户端与 COM 服务器交互，对看涨和看跌期权定价。前面学习过的 Black-Scholes 模型、二叉树模型和三叉网格模型可用于 COM 服务器的实现。通过链接到 Excel 单元格的值或订阅市场数据源，我们可以即时计算期权的理论价格。

本章讨论以下主题：

- ❑ COM 概述
- ❑ Excel 对 COM 和金融行业的作用
- ❑ 构建 COM 服务器的前提条件
- ❑ 构建 Black-Scholes 模型 COM 定价服务器
- ❑ 注册和注销 COM 服务器
- ❑ 构建 Cox-Ross-Rubinstein 模型 COM 服务器
- ❑ 构建三叉网格模型 COM 服务器
- ❑ 设置 VBA 函数
- ❑ 设置 Excel 参数以调用 COM 客户端 – 服务器接口
- ❑ 用 Excel 即时计算期权价格

10.1　COM 概述

COM 允许在不同的软件和硬件中重复使用对象，而无需知道其内部实现原理。COM 是一种专有标准，通常与 Microsoft 的 COM 相关联，形成了 Microsoft 其他技术的基础，包括 ActiveX、COM + 和文档组件对象模型（Document Component Object Model，DCOM）。

COM 允许对象以多语言创建，例如 C、C++、Visual Basic、Delphi 或 Python。使用 COM 感知组件，COM 类为二进制标准。每个 COM 组件都有自己的类标识符（CLSID），作为全局唯一标识符（GUID），用于框架使用标识。Microsoft Windows 注册表将所有可用的类和接口库列为 GUID，便于找到 COM 库。

10.2　Excel 与金融

Excel 专为统计、工程和财务数据管理设计。在金融业中，Microsoft Excel 是债券交易者和银行从业者的得力工具，VBA 可执行自动化的任务处理。例如，内置 Excel 函数（如 TBILLYIELD 和 DURATION）可计算短期国库券的收益率和麦考利久期，将结果显示在单元格。

Excel 支持使用 COM 扩展自定义任务，可通过 COM 加载项作为进程内 COM 服务器实现。借助 VBA，可以为 COM 加载项函数创建装饰器，以便 COM 组件用作工作表单元格公式函数。

本章将在 Python 中构建一个 COM 服务器，使用 Microsoft Excel 作为数据参数源，利用 COM 对象执行数值定价。通过这个基本示例，我们可以扩展 COM 对象的功能至其他用途，而不限于实时交易和定价。

10.3　构建 COM 服务器

本节将构建 COM 接口的服务器组件。首先查看使用 Python 构建服务器组件的先决条件。然后使用第 4 章介绍的方法进行期权定价。

10.3.1　先决条件

COM 接口是 Microsoft 的行业标准，因此，完成本书需要以下软件：

❑ Microsoft Windows XP 操作系统或更高版本

❑ Microsoft Excel 2003 或更高版本

❑ Python 2.7 或更高版本，包含 SciPy 和 NumPy 软件包

❑ pythoncom 模块

10.3.2　获取 pythoncom 模块

pythoncom 模块包含适用于 Microsoft Windows 的 Python 扩展包，你可在 SourceForge 网站 http://sourceforge.net/projects/pywin32/files/下载 pywin32。下载可执行文件，打开 pywin32 文件夹，选择最新的可用 build，下载与系统兼容的安装程序。注意，每个 Python 版本都有一个与之对应的软件包。某些软件包有 32 位和 64 位两种版本，你必须下载与安装的 Python 对应的软件包。即使计算机是 64 位，如果你安装了 32 位版本的 Python，则必须安装 32 位版本的 pywin32。

安装程序下载完成后，请运行安装程序，按照说明将 pythoncom 模块添加到 Python 环境。

10.3.3　构建 Black-Scholes 模型 COM 服务器

接下来使用经典的 Black-Scholes 期权定价模型构建一个简单的 COM 服务器，计算看涨期权或看跌期权的理论价值。该期权定价计算器使用 BlackScholes 类和 pricer 方法，采用当前标的资产价格、行权价格、年利率、以年为单位的到期时间、标的资产价格波动率和年化股息收益率作为输入参数。COM 服务器完整代码如下：

```
""" Black-Scholes pricer COM server """
import numpy as np
import scipy.stats as stats
import pythoncom

class BlackScholes:
    _public_methods_ = ["call_pricer", "put_pricer"]
    _reg_progid_ = "BlackScholes.Pricer"
    _reg_clsid_ =  pythoncom.CreateGuid()
```

```
    def d1(self, S0, K, r, T, sigma, div):
        return (np.log(S0/K) + ((r-div) + sigma**2 / 2) * T)/ \
            (sigma * np.sqrt(T))

    def d2(self, S0, K, r, T, sigma, div):
        return (np.log(S0 / K) + ((r-div) - sigma**2 / 2) * T) / \
            (sigma * np.sqrt(T))

    def call_pricer(self, S0, K, r, T, sigma, div):
        d1 = self.d1(S0, K, r, T, sigma, div)
        d2 = self.d2(S0, K, r, T, sigma, div)
        return S0 * np.exp(-div * T) * stats.norm.cdf(d1) \
            - K * np.exp(-r * T) * stats.norm.cdf(d2)

    def put_pricer(self, S0, K, r, T, sigma, div):
        d1 = self.d1(S0, K, r, T, sigma, div)
        d2 = self.d2(S0, K, r, T, sigma, div)
        return K * np.exp(-r * T) * stats.norm.cdf(-d2) \
            - S0 * np.exp(-div * T) *stats.norm.cdf(-d1)

if __name__ == "__main__":
    # Run "python binomial_tree_am.py"
    #   to register the COM server.
# Run "python binomial_tree_am.py --unregister"
#   to unregister it.
print "Registering COM server..."
import win32com.server.register
win32com.server.register.UseCommandLine(BlackScholes)
```

COM 服务器对象包含三个特殊变量：_public_methods_、_reg_progid_和_reg_clsid_。_public_methods_变量定义传递给 COM 客户端的方法。_reg_progid_变量定义从 COM 客户端调用的 COM 服务器的名称。_reg_clsid_变量包含注册表中的唯一类标识符。

10.3.4　注册和注销 COM 服务器

假设代码保存在 black_scholes.py 文件中，编译 COM 服务器向注册表注册：

```
$ python black_scholes.py
Registering COM server…
Registered: BlackScholes.Pricer
```

COM 服务器现在可以访问 COM 通信。

若要注销 COM 服务器，请使用附加的--unregister 参数：

```
$ python black_scholes.py --unregister
```

```
Registering COM server…
Unregistered: BlackScholes.Pricer
```

此时 COM 服务器的状态为未注册，COM 客户端无法访问。

10.3.5 构建 Cox-Ross-Rubinstein 模型 COM 服务器

第 4 章研究了几种期权定价模型。建立基于 Cox-Ross-Rubinstein（CRR）模型
的 COM 服务器之前，复制和粘贴以前创建的类文件，即 BinomialCRROption. py、
BinomialTreeOption. py 和 StockOption. py 到工作目录。

使用 BinomialCRRCOMServer 类创建 COM 服务器，保存为 binomial_crr_com. py：

```
""" Binomial CRR tree COM server """
from BinomialCRROption import BinomialCRROption
import pythoncom

class BinomialCRRCOMServer:
    _public_methods_ = [ 'pricer']
    _reg_progid_ = "BinomialCRRCOMServer.Pricer"
    _reg_clsid_ = pythoncom.CreateGuid()

    def pricer(self, S0, K, r, T, N, sigma,
               is_call=True, div=0., is_eu=False):
        model = BinomialCRROption(S0, K, r, T, N,
                                  {"sigma": sigma,
                                   "div": div,
                                   "is_call": is_call,
                                   "is_eu": is_eu})
        return model.price()

if __name__ == "__main__":
    print "Registering COM server..."
    import win32com.server.register
    win32com.server.register.UseCommandLine(BinomialCRRCOMServer)
```

与创建 Black-Scholes COM 服务器类似，本节 pricer 方法创建了一个 Binomi-
cal CRROption 类的实例，并通过 CRR 二叉树模型返回计算出的价格。

10.3.6 构建三叉网格模型 COM 服务器

第 4 章还探讨了使用三叉网格为期权定价，本节使用这个模型建立第三个
COM 服务器。将相关的类文件 TrinomialLattice. py 和 TrinomialTreeOption. py 复制
并粘贴到工作目录。

使用 TrinomialLatticeCOMServer 类创建 COM 服务器，保存为 trinomial_lattice _com. py：

```
""" Trinomial Lattice COM server """
from TrinomialLattice import TrinomialLattice
import pythoncom
class TrinomialLatticeCOMServer:
    _public_methods_ = ['pricer']
    _reg_progid_ = "TrinomialLatticeCOMServer.Pricer"
    _reg_clsid_ = pythoncom.CreateGuid()

    def pricer(self, S0, K, r, T, N, sigma,
               is_call=True, div=0., is_eu=False):
        model = TrinomialLattice(S0, K, r, T, N,
                                 {"sigma": sigma,
                                  "div": div,
                                  "is_call": is_call,
                                  "is_eu": is_eu})
        return model.price()

if __name__ == "__main__":
    print "Registering COM server..."
    import win32com.server.register
    win32com.server.register.UseCommandLine(TrinomialLatticeCOMServer)
```

使用注册表，构建和注册三个 COM 服务器的 Python 文件：

```
$ python black_scholes.py
Registering COM server…
Registered: BlackScholes.Pricer


$ python binomial_crr_com.py
Registering COM server…
Registered: BinomialCRRCOMServer.Pricer


$ python trinomial_lattice_com.py
Registering COM server…
Registered: TrinomialLatticeCOMServer.Pricer
```

现在 COM 服务器组件已成功注册到注册表，下一节将继续在 Excel 中创建 COM 客户端。

10.4　在 Excel 中构建 COM 客户端

在 Microsoft Excel 中，我们可以为特定期权输入多个参数，使用前文创建的 COM 服务器组件计算期权理论价格。这些函数可以在 Visual Basic 的公式单元格中使用。若要开始创建这些功能，请按键盘上的〈Alt + F11〉键打开 Visual Basic 编辑器。

10.4.1　设置 VBA 代码

在 Project-VBAProject 工具栏上，右击 VBAProject，选择 Insert，单击 Module 以在Excel工作簿插入新模块：

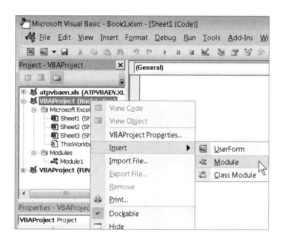

在代码编辑器区域粘贴如下 VBA 代码：

```
Function BlackScholesOptionPrice( _
    ByVal S0 As Integer, _
    ByVal K As Integer, _
    ByVal r As Double, _
    ByVal T As Double, _
    ByVal sigma As Double, _
    ByVal dividend As Double, _
    ByVal isCall As Boolean)
    Set BlackScholes = CreateObject("BlackScholes.Pricer")
    If isCall = True Then
        answer = BlackScholes.call_pricer(S0, K, r, T, sigma, \
dividend)
    Else
        answer = BlackScholes.put_pricer(S0, K, r, T, sigma, \
dividend)
    End If
    BlackScholesOptionPrice = answer
 End Function
```

上述代码将创建 Black-Scholes 模型的 COM 客户端组件。BlackScholesOption-Price VBA 函数从 Excel 中接收输入参数，稍后我们将对其进行定义。然后调用 CreateObject 函数，获取 BlackScholes. Pricer 输入字符串，该字符串实际上是相应 COM 服务器组件的_reg_progid_变量定义的名称。在 COM 服务器中，我们输出 call_pricer和 put_pricer 两个方法，分别计算和返回 Black-Scholes 模型的看涨和看跌期权价格。此期权的选择由 isCall 变量确定，看涨期权为 true，看跌期权为 false。

类似地，使用以下 VBA 代码为其他两种定价方法创建 COM 客户端函数：

```
Function BinomialTreeCRROptionPrice( _
    ByVal S0 As Integer, _
    ByVal K As Integer, _
    ByVal r As Double, _
    ByVal T As Double, _
    ByVal N As Integer, _
    ByVal sigma As Double, _
    ByVal isCall As Boolean, _
    ByVal dividend As Double)
    Set BinCRRTree = CreateObject("BinomialCRRCOMServer.Pricer")
    answer = BinCRRTree.pricer(S0, K, r, T, N, sigma, isCall, _
        dividend, True)
    BinomialTreeCRROptionPrice = answer
End Function
Function TrinomialLatticeOptionPrice( _
    ByVal S0 As Integer, _
    ByVal K As Integer, _
    ByVal r As Double, _
    ByVal T As Double, _
    ByVal N As Integer, _
    ByVal sigma As Double, _
    ByVal isCall As Boolean, _
    ByVal dividend As Double)
    Set TrinomialLattice = _
        CreateObject("TrinomialLatticeCOMServer.Pricer")
    answer = TrinomialLattice.pricer(S0, K, r, T, N, sigma, _
        isCall, dividend, True)
    TrinomialLatticeOptionPrice = answer
End Function
```

这里，我们定义了 BinomialTreeCRROptionPrice 和 TrinomialLatticeOptionPrice VBA 函数。与 BlackScholesOptionPrice 函数类似，CreateObject 函数接受 Binomial-CRRCOMServer. Pricer 和 TrinomialLatticeCOMServer. Pricer 由其相应 COM 服务器中_reg_progid_变量定义的字符串值。

从工具栏菜单选择 Debug，单击 Compile VBAProject 来编译代码。

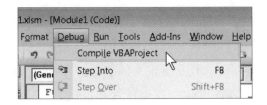

编译代码后，关闭 Visual Basic 编辑器窗口，返回 Excel 输入参数。

10.4.2　设置单元格

假设本例对行权价格为 50 的期权定价。目前标的价格是 50，波动率为 0.5，不支付股息。无风险利率为 0.05，到期时间为 6 个月。我们将从一个两步二叉树模型和 $N=2$ 的三叉网格开始。

在 Excel 中创建如下表格：

	A	B
1	参数	值
2	标的价格 S0	50
3	行权价格 K	50
4	无风险利率 R	0.05
5	到期时间 T	0.5
6	N	2
7	波动率 sigma	0.5
8	股息	0.00

使用 COM 的动态数值为期权定价。在新的一行创建以下表格：

	A	B
10		看涨期权
11	是看涨期权吗？	是
12	Black-Scholes 模型	= BlackScholesOptionPrice（B2，B3，B4，B5，B7，B8，B11）
13	CRR 二叉树模型	= BinomialTreeCRROptionPrice（B2，B3，B4，B5，B6，B7，B11，B8）
14	三叉网格模型	= TrinomialLatticeOptionPrice（B2，B3，B4，B5，B6，B7，B11，B8）

在单元格 B12 至 B14 中，调用 VBA 编辑器定义的函数。输入值从单元格 B2 到 B8 导入。B11 的布尔值决定了调用 COM 服务器定价的是看涨还是看跌期权。本例对 B 列的看涨期权定价，我们添加另一列 C 对看跌期权定价：

	A	C
10		看跌期权价格
11	是看涨期权吗？	否
12	Black-Scholes 模型	= BlackScholesOptionPrice（B2，B3，B4，B5，B7，B8，C11）
13	CRR 二叉树模型	= BinomialTreeCRROptionPrice（B2，B3，B4，B5，B6，B7，C11，B8）
14	三叉网格模型	= TrinomialLatticeOptionPrice（B2，B3，B4，B5，B6，B7，C11，B8）

除 isCall 单元格引用 C11 而不是 B11 外，其余公式与上表相同。

Excel 电子表格所示如下：

	A	B	C
1	Parameters	Value	
2	S0	50.00	
3	K	50.00	
4	r	0.05	
5	T	0.5	
6	N	2	
7	sigma	0.5	
8	Dividend	0.00	
9			
10		Call	Put
11	Is call option?	TRUE	FALSE
12	Black-Scholes	7.5636	6.3291
13	Binomial Tree CRR	6.7734	5.8685
14	Trinomial Lattice	7.1468	6.0823

由 Black-Scholes 模型、CRR 二叉树模型和三叉网格模型计算的看涨期权价格分别为 7.5636、6.7734 和 7.1468；看跌期权价格分别为 6.3291、5.8685 和 6.0823。

若将 N 的值调大，会发生什么？

	A	B	C
1	Parameters	Value	
2	S0	50.00	
3	K	50.00	
4	r	0.05	
5	T	0.5	
6	N	1000	
7	sigma	0.5	
8	Dividend	0.00	
9			
10		Call	Put
11	Is call option?	TRUE	FALSE
12	Black-Scholes	7.5636	6.3291
13	Binomial Tree CRR	7.5619	6.4408
14	Trinomial Lattice	7.5627	6.4412

随着步数的增加，二项式 CRR 模型和三叉网格模型的解逐渐收敛到 Black-Scholes 模型的解。

10.5　COM 的其他功能

自定义函数的值随 N 的变动而随时改变，在连接到 S0 或 K 的值每秒改变的市场数据时，能实施动态证券或甚至实时定价。

由于 COM 服务器组件彼此分离，我们可以使用 Python 模块（如 NumPy 或

SciPy）更改 COM 服务器的实现方式，实现某些方面数值定价，而无需依赖 Excel 的内置函数。这也意味着我们可以与 Excel 无关的组件进行交互，而 COM 模型只是这些组件和 Excel 间的桥梁。

10.6   总结

本章研究了组件对象模型（COM）的使用，允许不同软件和硬件环境的对象重用以实现交互，而无需了解其内部实现方式。

为了构建 COM 接口的服务器组件，本章使用 pythoncom 模块创建一个带有三个特殊变量的 Black-Scholes 模型定价 COM 服务器，通过 CRR 二项式模型和三叉网格模型创建了 COM 服务器组件；并介绍了如何使用 Windows 注册表注册和注销 COM 服务器组件。

Microsoft Excel 可以为特定期权输入多个参数，使用构建的 COM 服务器组件计算期权理论价格。这些函数可用在 Visual Basic 的公式单元格中。本章创建了 Black-Scholes 模型、二叉树 CRR 模型和三叉网格模型的 COM 客户端 VBA 函数，它们接受 Excel 单元格的相同输入值，在 COM 服务器上执行数值方法定价。最后本章介绍了如何在 Excel 中动态更新期权价格的输入参数。

推荐阅读

统计学习导论——基于R应用

作者: 加雷斯·詹姆斯 等 ISBN: 978-7-111-49771-4 定价: 79.00元

应用预测建模

作者: 马克斯·库恩 等 ISBN: 978-7-111-53342-9 定价: 99.00元

实时分析: 流数据的分析与可视化技术

作者: 拜伦·埃利斯 ISBN: 978-7-111-53216-3 定价: 79.00元

数据挖掘与商务分析: R语言

作者: 约翰尼斯·莱道尔特 ISBN: 978-7-111-54940-6 定价: 69.00元

R语言市场研究分析

作者: 克里斯·查普曼 等 ISBN: 978-7-111-54990-1 定价: 89.00元

高级R语言编程指南

作者: 哈德利·威克汉姆 ISBN: 978-7-111-54067-0 定价: 79.00元